나의 캠핑 아지트

나의 캠핑 아지트

초판 1쇄 2020년 12월 24일

지은이 | 서승범
발행인 | 이상언
제작총괄 | 이정아
편집장 | 손혜린
책임편집 | 강은주
디자인 | 렐리시Relish
사진 | 김해진

발행처 | 중앙일보플러스(주)
주소 | (04513) 서울시 중구 서소문로 100(서소문동)
등록 | 2008년 1월 25일 제2014-000178호
판매 | 1588-0950
제작 | (02) 2031-1125
원고투고 | jbooks@joongang.co.kr
홈페이지 | jbooks.joins.com
네이버 포스트 | post.naver.com/joongangbooks
인스타그램 | @j__books

ⓒ서승범, 2020

ISBN 978-89-278-1197-8 14980
세트 ISBN 978-89-278-1181-7 14980

※ 이 책은 저작권법에 따라 보호받는 저작물이므로 무단 전재와 무단 복제를
  금하며 책 내용의 전부 또는 일부를 이용하려면 반드시 저작권자와
  중앙일보플러스(주)의 서면 동의를 받아야 합니다.
※ 책값은 뒤표지에 있습니다.
※ 잘못된 책은 구입처에서 바꿔 드립니다.

중앙북스는 중앙일보플러스(주)의 단행본 출판 브랜드입니다.

나의 캠핑 아지트

글 **서승범** | 그림 **렐리시**

중앙books

들어가며
술 한잔 먹어보겠다고

홍천

2002년 6월, 강원도 홍천. 그곳에서 나의 캠핑 인생이 시작됐다. 맞다, 월드컵의 그 2002년. 그때 나는 대학원에서 논문을 쓰느라 피똥을 싸고 있었다. 1920년대 미국의 '딥 사우스Deep South'라 부르는 남부 지역 아프리카계 미국인, 그러니까 '흑인'에 대한 이야기였다.

한 세월 지난 이야기를 다시 떠올린 건 최근 친구들과의 대화방에서였다. 요새 캠핑장이 그렇게 붐빈다면서, 부터 요새 캠핑은 난로랑 그리들이 기본이래, 를 거쳐 이 불황에 우리도 캠핑 장비 뭐 만들 거 없냐, 까지 브레인스토밍 수준의 수다가 오가다가, 우리의 대화는 어쩌다 캠핑으로 수렴하게 되었는지에 이르렀다. 셋의 공통된 의견은 술이었다. 술 한 잔 제대로 먹겠다고 시작한 캠핑이 풍찬노숙을 거듭하며 이 '지경'에 이르게 되었다고. 그치, 뭐든 하다 보면 처음과는 달라지는 거야, 그래서 다음 캠핑은 언제? 이런 대화를 나누다가 문득 논문 쓰던 시절이 생각났다.

기억에 남는 내용이 있다. 미국에 노예들이

막 들어왔을 땐 아프리카에서 온 노예도 있었고 중미나 남미 출신의 노예도 있었다. 놀기 좋아하고 성격도 거친 남미 출신들보다 힘이 좋고 성실하며 유순했던 아프리카 출신들이 인기가 좋았다고 한다. 시간이 지나면서 결국 노예 시장에서 다른 인종들은 사라지고 아프리카 출신들만 남았다. 처음에는 여러 노예 가운데 아프리카계를 가리키는 '검은 노예black slave'라는 표현이 나중엔 의미가 전도되어 '노예(같은) 흑인slavery black'이 되어버렸다는 주장이었다. 이들이 '아프리카 출신 미국인African American'이 되기까지는 잔인한 세월을 겪어야 했다. 스트레인지 프루트Strange Fruit의 세월을. 전도가 항상 바람직하진 않다, 어쨌거나.

우리는 첫 캠핑을 떠올렸다. "너 논문 패스 기념으로 갔던 거 기억 나냐?"

논문이 통과되자 이후는 공백이 되었다. 무한한 가능성의 세계가 열렸지만, 일단은 술을 좀 마셔야 했다. 그 무렵, 대학 동기들은 직장에서 2, 3년 차를 맞이해 음주문화의 절정기를 달리고 있었다. 어울리던 술친구 둘과 계획을 짰다. 야외에서 밤새 먹어보자. 준비물은 번개탄과 철망, 고기, 술이었다. 그

땐 몰랐다, 산속은 6월도 춥다는 걸.

추워서 고생이 심했고 결국 펜션에 들어가 아무 데나 널브러져 새우잠을 잤지만, 그런 기억은 곧 휘발되었고, 차고 맑은 공기를 마시며 어둠 속에서 이야기를 나누었던 추억만 남았다. 물론 시시껄렁했을 것이 틀림없는 대화의 내용도 깨끗하게 날아가고 없다. 우리는 야외에서 밤새 술을 마시기 위한 장비들을 하나씩 사 모으기 시작했다.

우리는 한데 뭉쳐 술을 마시고 함께 어울려 잠을 잤다. 바닷가에서, 숲에서, 산에서, 호숫가에서. 각자의 상황과 취향에 따라 홀로 혹은 다른 사람들과 어울리는 캠핑도 했다. 그사이 우리는 결혼을 하고 아이를 낳고 흰머리가 늘었다. 여전히 술을 좋아해 캠핑을 도모하면 지역과 테마에 따라 술과 안주를 고민하지만, 뭘 마실까보다는 어떻게 쉴까를 더 생각한다. 요새는 주로 걷거나 자전거를 탄다. 캠핑이 아닌 여행도, 일로든 아니든 많이 다녔지만 캠핑으로 다녔던 여행이 참 좋았다.

자본주의적으로 말하자면, 여행은 의식주를 돈으로 사는 거다. 마음의 여유, 새로운 생각, 리프

레시, 나를 돌아보는 시간…, 여행을 생각할 때 떠오르는 미사여구들은 대부분 돈으로 산 것이다. 저 아름다운 것들을 집에서, 일상에서 누릴 수 없는 이유는 의식주 때문이다. 밥하고 설거지하고 빨래하고 청소하고, 말하자면 의식주의 유지. 우리의 경제활동 또한 의식주를 해결하기 위해서다. 좋은 옷 입고 맛난 거 먹고 월세 내고. 여행에서는 이걸 안 한다. 호텔이나 펜션을 애써 청소하지 않아도 되고, 밥이야 현지 맛집이 즐비하다. 옷이야 와서 돌리면 되니깐. 일상의 노동이 면제된 곳에 여유가 깃든다.

    캠핑은 진짜 이상한 여행이다. 어렵게 일상에서 벗어나 놓고선 부러 천막으로 집을 짓고, 버너와 코펠로 밥을 짓고 고기를 굽는다. 여행이란 일상에서 벗어나는 것인데, 여행에서 일상을 즐기다니, 이야말로 부조리 아닌가. 여행과 일상을 스스로 해결하는 캠핑은 그래서 기억에 남는다. 역설적이지만 그렇다. 모든 사람이 그렇진 않지만 어떤 사람들에겐 확실히 그렇다.

    "하도 '캠핑, 캠핑' 해서 캠핑 한번 해보려 했더니, 하이고야, 기본적인 것만 갖춰도 몇백이더라."

"그거 다 있어야 하는 거 아니다. 취미로 하는 건데. 재밌게 공 차면 되는 거지 꼭 손흥민처럼 찰 필요는 없잖아."

오랜만에 만난 친구랑 한 얘기다. 캠핑이 제2의 전성기를 맞으면서 사용하는 장비들이 전반적으로 고급스러워졌다. 장비는 캠핑을 즐기는 도구이지 지켜야 할 기준은 아니다. '캠핑 장비'이지, '장비 캠핑'이 아니다. 낡은 장비여도 충분히, 때로는 더 재미있는 캠핑을 즐길 수 있다.

캠핑은 여행의 한 방식이다. 여행이란 삶과 같아서 겉에서 보기엔 멋있어도 하는 당사자는 고되다. 캠핑은 더하다. 그래서 더 즐겁고 기억에 남는다. 고되지만 일상을 스스로 해결하니 바람직하고, 탁 트인 자연과 함께하니 아름답다.

다시, 캠핑은 여행의 한 방식일 뿐이다.

제일 근사한.

목차

들어가며   술 한잔 먹어보겠다고, 홍천 • *4p*

제1장   **캠핑의 몇몇 공간**

1 캠핑의 어떤 시작 ·················
   강화 함허동천 × 퇴근박 • *14p*

2 초보자라면 묻지도 따지지도 말고 휴양림 ·················
   서천 희리산자연휴양림 × 오토캠핑 • *24p*

3 오지에는 오지의 시간이 흐른다 ·················
   춘천 물로리 × 오지 캠핑 • *34p*

* *Go Abroad*   광활한 대지 위에 오로지 ·················
   미국 옐로스톤 국립공원 × 백패킹 • *42p*

4 우연이 선물한 나의 아지트 ·················
   횡성 병지방계곡 × 미니멀 캠핑 • *52p*

5 걷다 보면 ·················
   영주 소백산자락길 × 백패킹 • *62p*

제2장 캠핑의 몇 가지 방법

1 함께 있을 때 우리는 두려울 것이 없었다 ················
  태안반도 × 비박 • *78p*

2 가볍게 멀리, 그래서 즐거운 ················
  섬진강 자전거길 × 자전거 캠핑 • *88p*

* *Go Abroad*   다시 보자, 오키나와 ················
  일본 오키나와 × 자전거 캠핑 • *98p*

3 짐 싸들고 무인도, 언젠가 ················
  통영 연화도 & 삼척 장호항 × 카약 캠핑 • *108p*

4 창밖에 눈보라가 몰아친다 해도 ················
  평창 & 나키진 × 트레일러 캠핑 • *118p*

나가며   단풍의 속도로, 주전골에서 사려니숲길까지 • *134p*

캠핑의 몇몇 공간

강화 함허동천 × 퇴근박

캠핑의 어떤 시작

그런 시절이 있었다. 주말 휴양림을 찾아도 통나무집에만 사람들이 북적거릴 뿐 곳곳의 야영 덱에는 낙엽만 뒹굴었고, 해질 무렵 난지캠핑장에선 삼겹살 굽는 냄새가 강변북로를 안개처럼 점령해도 밤이 되면 사람들은 취객이 되어 사라졌다. 텐트가 아니라 집으로. 휴양림 덱은 예약제도 아니었지만 그건 예약할 필요가 없어서였고, 가끔 캠핑객을 만나면 희귀한 자동차를 모는 사람들끼리 도로에서 우연히 스칠 때 주고받는 눈빛 같은 것을 교환했다. 진짜 있었다. 캠핑장이 오지 같던 시절이.

당연히 단속도 심하지 않았다. 아마도 워낙 사람이 없어서 단속의 효과보다 단속에 들어가는 공이 더 크기 때문이었을 텐데, 엄밀하게 말하자면 지금 우리가 생각하는 단속 자체가 없었다. 상상하기 어렵겠지만 늦은 가을부터는 휴양림이나 캠핑장의 시설을 폐쇄하곤 했다. 하지만 관리사무실을 찾아가 캠핑을 해도 되냐고 물으면 운영을 하지 않는다거나, 안 된다는 대답보다 '이 날씨에 캠핑을 한다고?' 정도의 눈빛이 먼저였다. 침낭 있고 먹을 것도 있고 장작 안 피울 거라 말씀드리면 '뭐 그럼 하시든가' 정도로 허락하는 경우도 많았다.

그때 우리 패거리는 '홍천의 밤' 학습효과 때문인지 사람 없는 야외에서 늦게까지 술 마시는 재미에 푹 빠져 있었다. 주말도 주말이지만 며칠 상간을 기다리기 어려울 때는 평일 캠핑을 도모했다. 요즘 말로 '퇴근박'인데, 멀리 가긴 어려워도 도시를 벗어나고 싶을 때 찾은 곳이 강화였다.

강화에는 함허동천*이라는 최고의 캠핑장이 있었다. 마니산 자락이라 산속에 들어온 느낌이지만 서울에서 가깝고 도로에서 접근도 쉬웠으며, 널찍한 계곡은 아니지만 제법 근사한 물줄기도 있어 여름에도 맑고 시원한 공기가 감돌았다. 명색이 함허동천 아닌가. 게다가 맨 위 사이트까지도 시멘트 포장이 되어 있다. 물론 캠핑장을 관리하거나 리어카로 캠핑 장비를 실어 나르기 위한 도로다. 주차장에서 꼭대기 사이트까지 리어카로 30분 넘게 걸린다는 건 끌어본 사람만 안다. 백패킹으로 간다면 80L 배낭을 메도 리어카를 끄는 것보단 훨씬 낫다. 함허동천이 백패킹의 입문지이자 성지가 된 건 그런 이유가 클 거다.

"오늘 숭어에 함허동천, 어때?"

퇴근을 앞둔 늦은 오후의 메시지. 풍물시장에서 숭어랑 밴댕이 회무침, 순대 그리고 요식행위 같은 채소와 과일을 사고 야영장으로 향했다. 입구의 주차장을 지나면서 '좀 더 올라가서 주차장이 더 있었던 것 같은데' 하며 갔는데 요금소 앞이다. 차를 돌려야 한다, 그런데.

"야, 쇠사슬이 풀려 있는데?"

이건 궁하면 통하는 게 아니라 나쁜 쪽으로 머리가 빨

---

*함허동천 조선시대 기화 스님이 마니산 계곡에서 도를 닦고 정수사를 세웠다. '함허'는 기화 스님의 당호다. 당호는 사람의 이름 대신 그 사람이 머무는 곳을 이름처럼 부르는 호칭이다. 말하자면 나주댁, 순천댁 같은 옛 호칭도 일종의 당호인 셈이다.

리 도는 경우다. '짐만 내려놓고 차는 갖다 놓자'고 도모할 때부터 빈말은 아니라도 어쩌면 그러지 않을 걸 알았을지도 모른다. '어차피 우리 새벽에 나갈 거잖아. 좀만 더 서두르지 뭐.' 상황은 쉽게 정리되었다.

출근을 해야 했기에 마지막 다짐은 잘 지켜졌다. 해가 뜨기 전에 나가기도 했다. '야매 캠핑'은 계속되었다. 이튿날 아침에 사이트를 정리하고 철수하다 보면 일하러 올라오시는 아저씨들과 마주치곤 했는데 '저 차는 뭐지?' 하는 표정으로 쳐다보시는 게 다였다. 요금소에서도 비슷했다.

추워서 순대 대신 순댓국을 준비한 어느 겨울, 아침에 텐트를 열고 나왔을 때 보았던 풍경은 아직도 기억에 선하다. 간밤, 바람이 차긴 했지만 눈이 올 정도는 아니라고 생각했는데, 첫눈이 세상을 덮고 있었다. 바닥만 겨우 덮을 정도의 많지 않은 눈이었지만 동쪽으로 멀리 보이는 김포의 벌판이 하얗게 변해 있었다. 각자 머리에 까치집을 하나씩 얹은 우리는 독일 블랙 코미디 영화 〈노킹 온 헤븐스 도어Knocking on the Heaven's Door〉에 나오는 얼간이들처럼 그 풍경을 멍하니 바라보았다. 그때 알았다, 30년 후에도 비슷한 풍경에 비슷한 마음으로 서 있겠지.

우린 아직도 강화에 가거나, 캠핑을 하거나, 옛날이야기를 할 때면 '함허동천 야매 캠핑_첫눈 버전'을 꼭 이야기한다. 그 뒤로 더 근사한 풍경도 보았고 캠핑도 제대로 갖춰서 하지만 촌스럽고 어리숙했던 그 시절의 기억을 잊지 못한다.

정확하게 언제부터인지 모르지만, 언젠가부터 함허동천 요금소 앞에는 쇠사슬이 밤새 걸려 있었다. 자주 가진 못했어도 '야매 캠핑'을 하는 동안 우리 같은 이들은 보지 못했는데 우리 말고도 더 있었던 모양이다. 그냥 관리 차원에서 문단속을 강화했을 수도 있고. 어쨌든 '아지트'를 빼앗긴 우리는 새로운 아지트가 필요했다. 난지나 노을은 가까워서 번개처럼 모이기도 좋았지만 일상에서 벗어난 느낌이 덜했고, 경기도 인근의 휴양림들은 오지에 콕 박힌 기분을 낼 수 있지만 캠핑하는 사람들이 슬슬 늘어나면서 자리를 잡기가 어려워졌다. 우리는 시간차 공격을 하기로 했다.

여름 휴가철이 완전히 끝난 8월 말이나 9월 초의 강원이나 충청권의 휴양림을 공략했다. 언젠가 늦더위가 기승을 부리던 해 우리는 방태산자연휴양림을 잡아 떠났고 '휴양림이란 자고로 이래야지' 하고 깨달았다. 산이 거대하니 골도 당연히 깊을 터, 덕분에 차고 맑은 물은 얕디얕은 곳에서도 그 힘을 잃지 않았다. 계곡에 발 담그고 컵라면을 후루룩 먹을 때 더위는 이미 세상에 존재하지 않는 것이었다.

'자고로 놀 땐 이렇게 놀아야지' 생각한 건 칠갑산자연휴양림이었다. 평일이었는지도 모르겠다. 통나무집에도 투숙객이 없었고, 휴양림 전체에 관리자 말고는 사람이 없었다.

낮에 도착한 우리는 사이트를 만들고선 바로 맥주를 한 잔씩 하고 점심을 해 먹었다. 보통 휴양림에 가면 산행은 하지 않았다. 사이트의 화장실이나 취사장까지가 우리의 동선이었다. 남아도는 시간이 낯설어 물통 하나씩 들고 산행을 하자고 가는데 휴양림 끄트머리에서 수영장이 나타났다. 물에서 놀기는 약간 추운 시즌이어서 통 사용을 안 했는지 폐수영장처럼 물 위엔 낙엽만 가득했다. 잠시 눈빛을 주고받았다.

"우리가 수영장 치우고 있을게, 가서 술 가져와라."

물은 내내 햇볕을 받아서인지 견딜 만하게 찼다. 낙엽을 대충 치우자 제법 놀 공간이 되었다. 술 한 모금 먹고 휙 던지면 술병이 기분 좋게 "풍덩!" 소리를 냈다. 그럼 한 친구가 받아 한 모금 마시고 패스, 풍덩, 홀짝, 패스, 풍덩. 물줄기에 술잔을 돌렸다던 포석정 따위 부럽지 않았다.

잠시 아지트를 잃고 이곳저곳의 휴양림을 전전하다가 찾은 아지트가 장수대였다. 아! 장수대, 설악산 장수대. 산 잡지에서 일을 할 때였는데, 말이 '산 잡지 기자'이지 산에 대해서는 거의 깡통 수준이었다. 산 하나 다녀오면 한 번의 산행이 신나고 신기해서 친구들에게 떠벌리던 시절이었다. 설악산으로 취재를 갔다가 장수대를 알게 되었는데 그때까지 본 캠핑장 중에 최고였다. 아름드리 소나무들이 울창하고 곁에는 한계천이 흘렀다. 설악로를 건너면 바로 설악산이고 등산로를 따라 조금만 가면 대승폭포의 수묵화 같은 물줄기가 보였다. 나는 또 떠벌렸고 친구들은 기꺼이 속아주었다. 그 뒤로 장수대는 우리 아지트가 되었다. 멀쩡한 텐트 두고 매트리스 꺼내 밖에서 잔 건 장수대가 처음이었을 것이다. 높다란 소나무의 실루엣과 그 사이 칠흑 같은 어둠, 그 어둠에 빼곡하게 박힌 무수한 별들을 두고 텐트 안으로 들어갈 만큼 미련하지는 않았으니까.

언젠가 이런 생각을 한 적이 있다. 회사가 캠핑을 좋아하는 직원들을 위해 캠핑장을 운영하면 좋겠다. 공간만 있으면 아무 때고 자기 장비 가지고 가서 휴식을 즐길 수 있을 텐데. 이내 내가 멍청했다는 걸 깨닫고는 접었다. 땅 사고 공간을 만들 돈으로 캠핑장 요금을 지원해주면 된다. 인원이 많아 규모의 경제를 이룰 게 아니라면. 캠핑을 좋아하는 이들에게 캠핑장보다 더 필요한 건 자유롭게 떠날 수 있는 시간과 여유다.

하지만 캠핑을 시작하는 이의 관점에서 보면 제법 괜찮은 생각이다. 땅 사서 캠핑하란 얘기가 아니라 단골 캠핑장을 정하면 캠핑과 쉽게 친해지고 '실력'이 빨리 늘 수 있다. 캠핑에 무슨 실력까지 필요할까만, 캠핑의 노하우 혹은 '구력'처럼, '실력'이라고 부를 수 있는 뭔가가 있다면 빨리 쌓을 수 있다. 집에서 가까운 곳이 최고다. 빠뜨리고 챙기지 않은 장비가 있어도 가져올 수 있고, 혹여 위험한 상황이 발생해도 집으로 가면 그만이다. 집과 가깝다면 아무래도 편의시설도 많을 테니 불편함 때문에 지레 겁을 먹지 않아도 된다. 무엇보다, 그래야 자주 간다.

캠핑의 시작을 홍천이라 했지만 우리에게 정식 캠핑의 시작은 틈만 나면 강화로 뜨던 시절이었다. 장비도 부족하고 그나마 부족한 장비를 빠뜨리기도 했지만 이가 없으면 잇몸으로 때우고 뭐든 즐겁게 받아들이던 시절이다. 갈 때마다 몇 시간씩 운전을 하고, 짐을 싣고 내리는 데 진을 빼야 하고, 아이와 가족을 위해 뭔가를 해야만 했다면 지금까지 캠핑을 계속 즐기고 있을까?

캠핑은 졸속으로 시작하는 게 좋다. 대부분 졸속은 문제의 화근이지만 캠핑은, 나아가 취미생활은 그렇지 않다. 어설프지만 빠르다는 뜻의 졸속은 《손자병법》에 등장한다. 전쟁 질질 끌어 좋을 것 없으니 준비가 다소 미흡해도 기회가 적당하면 전쟁을 빨리 시작해서 빨리 끝내라고 손자 선생은 충고했다.

캠핑도 마찬가지 아닐까. 캠핑에서 가장 중요한 건 자연을 즐기는 것이지 그리들에 고기를 굽는 것이 아니다. 형편 되고 여유 되면 즐길 것들이 시작의 발목을 붙잡아서는 안 된다. 장비란 중복 투자를 피해 한 방에 좋은 걸 사야 한다는 말도 맞지만, 좋은 게 뭔지는 경험해봐야 안다. 오토캠퍼에게 좋은 게 백패커에게는 최악일 수 있다. 아지트를 정하라는 조언은 장소도 단순화하라는 뜻이다. 스스로 취향에 맞는 캠핑장 찾는 이들은 알아서들 하시고, 시작하면서 장비도 장소도 고민이시라면 그러시란 이야기다. 제일 가까운 캠핑장 정해서 다섯 번이든 열 번이든 채운다 생각하시고 틈 날 때마다 가시라. 커피 한잔 마시고 오고, 낮잠 자다 오고, 햄버거 싸 가서 먹고 음악 좀 듣다 오는 거다. 그러다 햄버거를 만들어 먹게 되고 텐트도 치고 비박도 하게 되고 커피도 내려 먹고 그러다 보면 숯불에 생두도 볶게 되고… 그런 거다.

캠핑은 취향의 발견이다. 그 많은 취미 중에 캠핑이란 취미를 골랐겠지만, 막상 들여다보니 이 바닥도 스타일이 천차만별이라 무엇부터 시작해야 할지, 갈피를 잡기가 어렵다. 그럴 땐 항간에 유행인 철학적 질문을 던지시라, '캠핑이란 무엇인가?' 밖에서 생활하는 거, 조금 범위를 좁히자면 자연에서 의식주를 해결하는 게 캠핑이다. 뭐가 됐든 잠깐의 일상을 누려보시라. 그게 다라는 게 아니다. 그게 바람직한 시작이란 얘기다. '장소 더즌 매러'다.

공공캠핑장을 찾아라

함허동천 야영장은 집에서 가까운 공공캠핑장을 찾다가 알게 되었다. 공공캠핑장은 시설과 환경이 좋고 이용료가 낮다. 인기 좋은 자연휴양림은 대표적인 공공캠핑장이다. 산림청에서 운영한다. 이밖에 공공기관에서 운영하는 캠핑장이 몇 종류 있다. 지자체의 시설관리공단에서도 캠핑장을 운영한다. 서울에서는 노을캠핑장, 중랑캠핑장, 강동캠핑장 등이 있다. 국립공원관리공단이 국립공원에서 운영하는 캠핑장도 있다. 설악산, 동학사, 소금강 등 전국에 7곳이 있다.
참고로 한국관광공사에서 운영하는 고캠핑(www.gocamping.or.kr)에는 전국의 캠핑장 2,500여 개가 등록되어 있으니 공영이든 민영이든 검색하기에 편리하다.

서천 희리산자연휴양림 × 오토캠핑

초보자라면 묻지도
따지지도 말고 휴양림

캠핑 권하는 책에 이런 말 해도 되나 싶지만, 개인적으로 최근 1년 동안은 캠핑을 거의 하지 않았다. 코로나 바이러스 때문에 모이는 것이 힘들어지자 사람들은 한때 뜨거웠다가 식어버린 캠핑을 다시 떠올렸다. 시즌을 불문하고 주말의 캠핑장은 초만원이라고 들었다. 돌아온 캠핑의 시대에 캠핑을 하지 않는 건, 마음이 동하지 않아서였다. 별로 하고 싶지 않았다고. 먼 길 가서 애써 사이트를 만들고서는 내내 먹고 마시고 다음 날 짐 챙겨 오는 '즐거움'이 이제는 그리 와닿지 않았다. 20년 가까이 했더니 나의 먹성에 잠시 슬럼프가 온 모양이다.

캠핑 자체를 접을 생각은 없다. 그럴 수가 없는 게, 가끔 자연에 나가서 시간을 보내는 건 나의 정체성과 같아서 뜸할 순 있어도 접을 순 없다. 지금까지의 캠핑이 첫 번째 시즌이라면, 지금은 두 번째 시즌을 시작하기 위해 이런저런 생각을 하고 있다.

가끔 생각한다. 어떤 캠핑이 좋았지? 왜 좋았을까? 캠핑에 물린 이유는 뭘까? 나름대로 슬럼프를 벗어나 보겠다고 몸부림을 하는 중이다. 오래전에 갔던 희리산자연휴양림이 떠올랐다. 사람들이 붐비기 시작한 후로 자연휴양림은 거의 가지 않았는데 왜 떠올랐을까? 곰곰이 생각해보니 몇 가지 이유가 있다. 거기서 했던 몇 번의 캠핑을 떠올렸고 해보고 싶은 몇 가지 캠핑의 키워드도 다듬었다. 거창한 거 아니다, 내게 소중한 거지.

희리산자연휴양림을 처음 간 건 캠핑 입문 시절이었다. 산 잡지 만들던 시절이었는데, 산행 경험이 적고 막내였던 탓에 '휴양림 산행' 꼭지를 연재했다. 처음 간 게 희리산이었을 거다. 그때 자연휴양림이란 델 처음 갔다. 사진기자와 둘이서 작은 텐트 하나 쳐 두고 휴양림 곳곳을 돌아다니며 사진을 찍고 간혹 인터뷰를 했다. 취재를 마치고 저녁에 술을 한잔 하고 있는데 가족 단위로 왔던 옆 사이트 아저씨가 조심스럽게 묻는다.

"어디…서, 아니, 어떻게… 오셨어요? 두 분, 어떻게 되세요?"

신준식 사진기자는 40대 중반이었고 나는 서른을 갓 넘겼을 때다. 이상했겠지. 부자지간은 100% 아니다. 그러면 친구냐, 것도 아니다. 직장 동료인가? 그러면 막내와 부장급인데 저렇게 친하다고? 아니다. 그럼, 뭐지? 별 관심 없이 옆 사이트라 봤는데 남자 둘이 있는 걸 보고 부부가 이야기를 나눴단다. 내기를 했다던가. 어쨌거나 너무 궁금한 나머지 직접 묻지 않고는 견딜 수가 없게 되었다고. 대화는 술자리로 이어졌고, 다음 날 우리는 희리산 산행을 함께 했다.

높이 329m로 낮은 산이지만 산에서 만나는 나무의 대부분이 해송이라 오르는 내내 솔내가 났던 기억이 난다. 그러고 보니 휴양림의 정식 이름은 '희리산해송자연휴양림'이다. 높진 않지만 그래도 바닷가에 있는 산이라 329m를 거의 에누리 없이 올라야 했는데 정상에 오르면 바다가 보여서 좋았다. 일자로 뻗은 해안선을 기준으로 땅과 바다가 나뉘는 동해와 달리 완만한 산과 평평한 바다가 사이좋게 어울린 모습이 아름다웠다. 오르는 내내 힘들어했던 그 집 꼬맹이들은 지금쯤 어디서 무엇을 하고 있으려나. 준식이 형님, 잘 지내시죠?

두 번째 희리산자연휴양림은 그로부터 3, 4년 정도 뒤였다. 캠핑 바람이 불면서 매체마다 캠핑에 대한 이야기를 실었다. 산 잡지를 그만둔 다음이었는데 한 매체에 있던 선배가 캠핑이나 같이 가자면서 캠핑 초보자들이 갈 장소를 추천해 달라 했다. 나는 자연휴양림을 권했고 오랜만에 옛 기억을 더듬어 보려 희리산자연휴양림으로 가자 했다.

별로 달라진 건 없었다. 휴양림 입구의 커다란 저수지도 그대로였고, 입구에서 야영장에 이르는 길도 여전히 좋았다. 촬영도 해야 하고 나눌 이야기도 있어서 제일 안쪽으로 들어갔는데 평일이어서 대여섯 사이트가 모인 곳에 캠핑객은 우리뿐이었다. 처음과 달라진 건 멋모르고 따라갔던 내가 나름 '캠핑 코디네이터' 역할을 하고 있다는 것.

캠핑을 처음 하는 이들은 내게 뭔가 대단한 노하우가 있다고 생각하기 쉽지만 그렇지 않다. 캠핑이라는 게 밖에 나와서 먹고 자고 하는 거라 집에서 하던 것과 크게 다르지 않다. 다만 텐트를 칠 줄 알아야 하는데 그거야 서너 번 쳐보면 누구나 다 하는 거고, 불을 잘 다뤄야 하는데 그것도 가솔린 스토브 쓸 때 이야기지 요즘엔 가스 스토브가 화력도 편리성도 좋아져서 누구나 다룰 수 있다. 처음 보는 장비의 신기함은 곧 몇 번 지나 무뎌진다. 사실 그때 나도 그랬다. 나도 대단한 걸 알지 못하고, 안다 한들 초보자에게 뭘 얼마나 알려주겠는가. 계속 할 것도 아니고 일로 나온 캠핑인데. 결정적으로 휴양림은 대단한 노하우를 필요로 하지 않는다. 편하고 안전하다.

테이블과 의자는 휴양림의 시설을 이용하기로 하고, 텐트 폴 연결하고 스킨 펼쳐서 조립하고 페그를 박았다. "페그를 박았으면 스트링을 팽팽하게 잡아당겨 주세요. 그래야 각이 살아 사진이 잘 받아요. 잘 때 결로도 덜 생기고요." 페그에 연결된 스트링이 팽팽해지도록 스토퍼를 조절하고 장력이 비슷한지 하나하나 체크한다. 이 정도 디테일이면 캠핑 코디네이터의 역할은 다 했다. 모닥불 미션이 난도가 꽤 높지만 자연휴양림에서는 모닥불을 피울 수 없으니 패스. 여기에 고기 조금, 양파 조금 넣은 짜장라면 끓여 오후의 출출함을 달래주면 최고다. 그만큼 별거 없단 얘기다. 우성 선배님, 윤섭이 형, 술과 함께 불콰해지던 수다가 그립습니다.

한동안 가지 못하다가 세 번째 간 건 캠핑을 좋아했던 작업실 한웅 형과 함께였다. 하고 싶어도 망설이며 밍기적대는 나와 달리 꽂히면 '가는' 스타일이었던 형은 캠핑에 꽂혀 작업실 근처 캠핑용품 매장에서 백패킹 모드로 풀세트를 마련했다. 그러고도 한 달에 두어 번씩 1년 가까이 다녔으니 본전은 뽑고도 남았다. 둘이 다니다가 두 번에 한 번은 게스트를 불렀다. 희리산은 배우를 하는 삼동이와 드라마를 쓰는 지숙이와 함께였다.

어디로 갈까? '어떤' 장소인지는 한웅 형이 늘 고민했고 '어디'를 갈진 주로 내가 정했다. 적당히 멀고 숲이었으면 좋겠는데 초보자가 둘 있으니 안전하면 좋겠다 싶었다. 자연스럽게 자연휴양림이 떠올랐고 몇 번의 경험과 추억이 있는 희리산자연휴양림을 가자고 했다.

작은 승용차에 사람 네 명 탄 자리를 빼고는 바닥부터 뒷선반까지 빼곡하게 짐을 실었다. 마치 삼동이의 영화 데뷔작이었던 영화 〈낮술〉의 한 장면처럼 시덥잖은 이야기들을 낄낄거리며 서해안고속도로를 달려 서천에 도착했다.

휴양림에 들어가기 전에 시장에 들러 회를 좀 떴다. 그러고 보니 처음 왔을 때도 찾았다. 그사이 이름은 그냥 시장에서 수산물특화시장으로 바뀌었고 시설도 많이 깨끗해졌다. 나름의 루틴이었던 셈인데, 앞으로도 희리산을 찾는다면 시장에 들를 거다. 맞다, 메인 메뉴 정도는 현지에서 장을 보는 경제적 올바름의 지혜를 갖춘 지역경제친화형 캠퍼가 되어보자는 이야기다.

지금은 좀 다르지만 그때만 해도 안주의 생태계에서 회는 최상위 포식자였다. 한우를 제외한 일체의 고기류는 회 아래 있었다. 한우는 회보다 약간 위였는데, 그렇다고 회가 꿀릴 것도 없는 게 비싸든 귀하든 구경조차 할 수 없는 어종은 한우보다 윗급이었다. 중요한 건 우리의 위치 혹은 수준일 텐데, 우리의 술자리들은 대부분 바다를 넘보지 못하고 돼지 갈빗대에서 맴돌았다. 삼겹살과 목살의 무한반복. 하지만 배우와 여작가를 모신 캠핑에서 삼겹살만 구울 순 없다는 데 의견의 일치를 보고 회를 질렀다.

술을 많이 마셨다. 나눈 이야기들은 오랜 세월 동안 휘발되어 남아 있지 않다. 화기애애하면서도 가끔 심각하기도 했던 분위기는 희미하게 기억난다. 세상 고민 모두 짊어진 20대 후반 아티스트 둘과 세상 할 일 많고 바쁜 30대 백수 둘의 조합이었으니.

오간 대화는 남아 있지 않지만 좁고 아늑했던 텐트를 쩌렁쩌렁 울렸던 노래는 선연하게 남아 있다. 삼동이는 말이 많지 않았고 묻는 말에만 살짝 웃으면서 대답했다. 그러다 노래 이야기가 나왔고 삼동이는 노래를 불렀다. 별로 머뭇거리지 않았던 것 같다. '다정했던 사람이여 나를 잊었나, 벌써 나를 잊어버렸나, 그리움만 쌓이네'. 노래도 차분한 노래를 좋아하는구나. 그렇게 다들 테이블 위 술잔을 바라보며 음악을 들었다. 근데, 톤이 좀 이상하네, 템포는 발라드인데, 톤은 왜 들썩들썩하지? 이젠 마음이 변해버렸나⋯ 들썩들썩들썩들썩⋯.

'워~~~~~!!!!! 이별이 그리 쉬운가'

노영심이 아니라 레이지본이었던 거다. 노브레인 아니다, 레이지본이다. 피아노도 기타도 없는 무반주여서 몰랐는데 삼동이 어깨가 들썩들썩하면서 고개가 술상에서 허공을 향하더니 터진 거다. 사실 그때까지 레이지본의 〈그리움만 쌓이네〉는 몰랐다. 익숙한 노래를 새롭게 듣는데, 심지어 잘해! 배우가 노래하는 거라 사진을 찍고 있었는데 록으로 터지면서 동영상으로 바꿨다. 삼동아, 필요하면 말해, 너의 청춘과 에너지가 어땠는지 보여줄게.

희리산자연휴양림에서 즐거웠던 몇 번의 캠핑을 떠올리면서 기분이 좋아졌다. 알지도 못하면서 좋아만 했던 산을 알려줬던 준식이 형님은 그 뒤로 여러 번 만났지만 함께 산행을 하거나 캠핑을 하진 못했다. 우성 선배와 윤섭이 형은 못 본 지 오래되었다. 다시 캠핑장에 모이긴 힘들겠지만 술 한잔 할 날은 언젠가 올 거라 생각한다. 한웅 형과 삼동이는 가끔 연락도 하고 작업실에 놀러 오기도 했다. 지금은 서로 사는 게 바쁘지만 머지않아 코로나 잠잠해지면 사람 없는 노지에서 '불멍 캠핑' 한 번 하기로 했다.

접대 캠핑이 별거냐, 있는 잠자리 나누고 차린 밥상에 술잔 하나 더 얹는 거지. 나눈 이야기가 기억나지 않는다고? 그럼 어때, 그래도 좋았고, 친해졌잖아, 언제 어디서 어떻게 보든 반갑잖아, 잘 되기를 마음으로 바라잖아, 그거면 되지. 원래 말이라는 게 어지간해선 잘 남지 않는다. 그 말을 나누었던 감정이 남지. 우리에겐 심지어 노래가 남았는데.

　　희리산자연휴양림의 추억을 떠올리면서 나의 '캠핑, 두 번째 시즌'의 밑그림이 그려졌다. 홀로 자연에 안기려던 구상에 좋아하는 사람들을 초대하는 구상이 보태졌다. 사람들 북적이는 걸 즐기는 편이 아니어서 나까지 헤아려도 서너 명을 넘지는 않겠지만 함께 걷고 이야기 나누고 술과 음식을 즐기면 좋겠다.

　　크게 바라는 것 없다. 언젠가 내가 혹은 그대들이 '그때 참 좋았는데' 떠올릴 수 있으면 된다. 제주도였나 홍천이었나, 언젠가 둘이 떠난 캠핑에서 한웅 형이 그랬다. "뭐든 말할 수 있는 친구도 좋지만 아무 말 하지 않아도 편안한 친구가 더 좋은 것 같아." 이런 친구 몇 남길 수 있다면, 뭐.

자연휴양림의 미덕

초보자라면 왜 자연휴양림을 권하는가, 그것도 묻지도 따지지도 않고.
초보자의 가장 큰 고민은 부족한 장비다. 휴양림은 특별히 위험요소가 없기 때문에 장비에 크게 기댈 필요가 없다. 좋은 계절, 좋은 날씨만 고른다면 뭘 가지고 있든 그 장비만으로도 캠핑을 충분히 할 수 있다고 장담한다.
위치는 너무 외지지 않아 접근하기 좋으면서도 적당히 외진 곳에 있어 일상에서 벗어난 느낌을 준다. 값싼 요금과 훌륭한 시설도 매력이다. 시설이 훌륭하다는 건 과하지 않고 관리가 잘 되며 인공적인 편의시설보다 숲을 느낄 수 있는 체험시설이 많다는 뜻이다. 그것도 안전하고 즐겁게.
묻거나 따지지 말라는 건 그럴 시간에 예약을 해야 하기 때문이다. 안 그래도 캠핑이 인기여서 캠핑장 예약이 어려운데 싸고 시설 좋은 자연휴양림은 하늘에 별 달기다. 더구나 코로나 때문에 운영을 하지 않는 휴양림도 많고 운영을 해도 축소한 경우가 많다. 예를 들어 산림청에서 운영하는 국립자연휴양림의 경우 사회적 거리두기 2.5단계에서는 수도권 소재 5개 소만 운영을 하고 야영장 역시 30%만 운영한다.

춘천 물로리 × 오지 캠핑

오지에는 오지의
시간이 흐른다

나는 시차에 둔하다. 해외 출장을 나가서도 도착하자마자 좋다고 싸돌아다니고, 돌아와서도 여기 시간에 맞춰 곧바로 생활한다. 좀 피곤하다 싶으면 좀 일찍 자거나 잠깐의 낮잠으로 해결한다. 몸이 느끼는 시차가 없진 않을 텐데 워낙 둔한 데다 시차보다 공차를 크게 느껴서 상대적으로 시차는 사소하다. 공차, 공간의 차이다. 내가 2시간 전만 해도 호젓한 숲속에 있었는데 퇴근길의 올림픽대로라니, 이런 거. 거꾸로 말하면, 내가 캠핑을 좋아하는 이유는 지금 여기와는 다른

어떤 공간에 존재할 수 있기 때문이다. 어젯밤엔 사무실에서 철야를 했는데 새벽의 북한강변을 달리고 있다니, 예를 들면.

번잡하고 시끄럽고 다른 무언가에 휘둘리는 공간에서 벗어나 호젓하고 조용하고 나 자신에게 집중할 수 있는 공간으로 이동하는 것. 여행 중 숙박의 수단으로 캠핑을 하는 것이 아니라 캠핑을 위한 캠핑이라면, 이것이 내가 캠핑을 하는 이유다. 가끔 물로리를 찾는 이유이기도 하다.

물로리는 강원도 춘천에 있다. 닭갈비집들이 즐비한 춘천의 중심에서 완전히 벗어나 소양호의 남서쪽 끄트머리에 있다. 위로는 소양호에 막히고 아래로는 가리산 산줄기에 막혀 사람들의 발길이 잘 닿지 않는 곳이다. 물로리만 있는 건 아니다. 상걸리, 품걸리, 조교리, 대동리, 대곡리도 있다. 홍천이나 양구와 경계를 대고 있는 오지마을들이다.

처음 들어간 건 품걸리였다. 한참 오래전 일이다. 출장 차 우연히 들렀던 마을은 내가 지금까지 알고 있었던 '마을'이라는 개념과는 완전히 달랐다. 그래도 마을이라면 몇몇 집들이 옹기종기 모여 있고 동네 사람들 모이는 회관도 있고 너른 평상도 있고…. 품걸리는 달랐다. 집이 보이지 않았고 비탈진 산사면에 농사를 짓는 이들이 가끔 보였다. 그들의 집은 그 산기슭 어딘가에 있을 것이었다. 거기서 만난 사내는 인생의 우여곡절 끝에 피하듯 숨듯 들어왔다고 했다. '나는 자연인이다'를 보는 기분이었다.

풍경은 근사했다. 비가 그친 물웅덩이에는 청개구리들이 떼로 놀고 있었고 어디선가 더덕 향이 바람을 타고 내게 전해졌다. 품걸리에서 돌아오는 길, 꽉 막힌 올림픽대로에서 나는 공차로 끙끙 앓았다. 대신 품걸리라는 이름은 마음에 각인되었다. 말했듯, 한참 전 일이다.

살다가 가끔 잠시 벗어나고 싶을 때, 하지만 멀리 갈 형편은 아닐 때 나는 품걸리를 떠올렸고 캠핑 출장을 핑계 삼아 다시 품걸리를 찾았다. 많이 달라져 예전에 갔던 곳을 찾을 수 없었다. 마을 풍경도 달라졌지만 산에 난 길이라는 게 어찌 보면 미로 같아서 한 번 엇갈리면 완전히 다른 데에 이르게 된다. 어느 갈림길에서 잘못 들어섰을까, 여기가 품걸리인가요, 여쭈었을 때 어르신은 물로리라고 하셨다. 목적지 못 찾고 헤매다 새로운 여행지를 만나듯 물로리를 만났다.

소양호변. 뭍에서 물로 내려서는 경사가 아주 완만한 덕분에 호변 아무 곳에나 자리를 잡기로 한다. 완전히 노출된 지형이었지만 사방을 둘러봐도 하늘과 산과 물뿐이었다. 죽어 쓰러진 나무가 곳곳에 널려 있고 을씨년스러운 바람이 마른 가지를 흔든다. 야, 무슨 파타고니아야? 어디 짐승 뼈 뒹굴어도 이상하지 않겠다, 실없는 농을 주고받으며 약간의 불안을 떨친다. 죽은 나무를 끌어와 손도끼로 토막을 내어 화로대에 불을 지폈다. 평지를 골라 작은 텐트를 치고 매트리스와 침낭도 펼쳐두었다. '부풀거라, 한껏 부풀어 보거라' 주문을 외우면서. 기본적인 세팅이 끝나면 호구지책 타이밍이 된다. 몸도 신호를 보낸다. '꼬르륵'.

"출출한데 라면이나 끓여볼까?"

아뿔싸, 캠핑 박스 비상식량 상자에 라면이 없다. 먹을 거라곤 즉석밥 몇 개만 처박혀 있다. 그래도 장은 현지에서 보는 게 예의라 생각했으나 목적지를 찾는 일에 매몰되다 보니 읍내에서 장 보는 걸 깜빡했다. 근처에 마트나 슈퍼마켓이 하나쯤 있을 텐데. 검색, 검색… 찾았… 차로 40분? 왓 더 프…. 투덜거리는 건 사태를 해결하지 못한다. 왕복에 물 끓이는 시간을 더하면 대략 두 시간, 나간 김에 먹고 들어올까도 잠깐 고민했지만 파타고니아 같은 풍경에서 면발을 들어 올리는 호사를 포기할 수는 없었다.

에누리 없는 두 시간이었다. 가는 데 40분, 사는 데 10분, 오는 데 50분. 짐 내리고 어쩌고 스토브 찾고 어쩌고 코펠 찾고 어쩌고 10분, 물 끓이는 데 5분, 라면 익히는 데 5분. 아, 오는 데 10분 더 걸린 이유는 해가 졌기 때문이다. 국도에서 빠져 여기까지 오는 40분 동안은 대부분 비포장이고 가로등이 없다.

스토브의 불을 끄고 뜸을 들이기 위해 30까지 세고 뚜껑을 열었다. 수프 향을 머금은 김이 터지듯 솟아올랐다. 면발을 건져 올리자 소양호를 건너온 11월의 바람에 김이 옆으로 놓는다. 시에라컵에 옮겨 한 젓가락 들어 올려 식혔다가 다시 국물에 살짝 적신 후에 차르르 후르륵 빨아들이면 라면의 존재감이 입안에 가득해진다. 조심해야 한다. 성급하게 굴면 다시 뿜어내는 수가 있다. 1인당 2개씩 끓인 라면은 몇 번의 젓가락질로 사라졌다.

"고작 라면 끼적거리겠다고 거기까지 갔냐?"

이런 힐난이 가능하겠으나 그렇다고 대답하는 수밖에 없겠다. 정확하게 말하자면 이렇다. 그런 곳에서는 사소한 어떤 것도 소중해진다. 라면 하나 끓여 먹고 커피 내린 컵을 손에 쥐고 모닥불 오도카니 바라보는 것, 도란도란 이야기를 하면서 장작이 타닥타닥 타들어가는 소리를 듣는 것, 바람에 춤추던 화염이 끝내 샛별처럼 반짝이다 무채색의 재가 되는 것을 바라보는 것, 바람이 관목 흔드는 소리를 듣고 가끔 저 멀리 골짜기 안에서 개가 짖는 소리에 살짝 놀라는 것, 어디까지가 뭍이고 어디부터가 물인지 어디가 산줄기고 어디가 밤하늘인지 가만히 살피는 것, 그래서 커피가 게이샤 원두가 아니어도 스피커가 뱅앤올룹슨이 아니어도 텐트가 힐레베르그나 블랙다이아몬드가 아니어도 그 모든 차이가 사소해지는 것, 그냥 내가 그 공간에 머물고 있다는 사실에 흐뭇해하는 것, 날이 밝으면 다시 일상으로 돌아가겠지만 간혹 이 공간과 시간이 생각날 거라는 걸 잠깐 생각해 보는 것, 지난 다음에 아쉬워하는 것보다 지금 즐길 수 있는 것을 즐기는 게 현명하다는 걸 알게 되는 것, 결국은 대화도 없이 어색한 침묵도 없이 고요한 현재에 존재하는 것. 이 모두가 소중하다. 이를 하나씩 열거할 수 없으니 그냥 고개를 끄덕거리는 것이다.

캠핑을 다니기 시작할 때에 비하면 술을 먹는 양이 많이 줄어든 편이다. 늙었잖아, 말하면 반박할 수 없지만, 술잔을 비우는 즐거움보다 자연 속에 머무는 즐거움을 더 크게 느끼면서 생긴 변화라고 생각한다. 말하자면 야외 술자리였던 캠핑이 자연을 즐기는 캠핑으로 달라졌고, 여기에는 물로리에 머물렀던 몇 번의 경험이 꽤 중요한 역할을 했다.

캠핑 장비에 대한 생각도 많이 달라졌다. 장비란 액세서리가 아니고 저마다의 역할이 있기 때문에 여전히 중요하고, 성능은 장비를 고르는 가장 중요한 기준이지만, 그보다 더 중요한 게 있다는 것 역시 알게 되었다. 덕분에 장비에 대한 관심과 욕심은 많이 줄었다.

아니 어쩌면 술과 장비에 대한 관심과 욕심이 더 늘었다고도 할 수 있겠다. 더 새로운 장비, 더 좋은 장비가 아니라 나의 시간과 기억이 묻어 있는 장비, 자연에서 나의 곁을 지켜준 장비를 소중하게 생각하게 되었다. 나의 용도와 필요를 부족함 없이 뒷받침해 주지만 그 이상으로 넘치지는 않는 장비에 대한 고민도 생겼다. 이를테면 무게에 대한 강박도 무뎌져 티타늄에 대한 욕심은 거의 사라졌다. 아, 술은 어떻게 됐냐고? 적어도 오지를 갈 땐 플라스크에 증류주를 챙기고 맥주 한 캔 정도만 보탠다. '부어라 마셔라'는 너무 시끄럽다.

이런 걸 노파심이라고 하나, 장비에 대한 이야기는 내가 옳다는 '주장'이 아니다. 굳이 좋은 장비 쓸 필요가 없다는 이야기도 아니다. 캠핑의 취향이라는 게 생겼다는 이야기다. 나만의 기준이 생겼다는 거다. 앞으로 캠핑을 하면서 다듬어 갈 생각이다. 새로운 경험으로 새로운 취향이 생길 수도 있다. 품걸리 찾다가 물로리를 만났듯, 기꺼이 받아들일 거다. 어디로 흐르는지 바라보면서 즐겨야지. 아마도 들여다보는 대신 구경하듯 관조하는 여유 혹은 재미가 오지 캠핑이 준 선물일 것이다.

오지에는 오지의 시간이 흐른다.

오지 캠핑을 위한 몇 가지 준비

오지 캠핑의 가장 중요한 원칙은 오지를 오지로 남겨두는 것이다. 오지의 시간을 지키자는 이야기다. 사회적으로나 생태적으로나. 제2의 선자령이 되는 일은 없어야 하지 않겠는가. 오지 캠핑의 준비는 이에 관한 것이다.
흔적을 남기지 말자는 LNT Leave No Trace의 몇 가지 원칙들이 있다. 요컨대 쓰레기 버리지 말자는 거다. 철저히 지켜야 한다. 특히 음식쓰레기. 보기에도 싫지만 인스턴트 식품의 화학적인 성분들은 생태계를 변화시킨다. 원칙 중에 모닥불 최소화하기도 있는데 오지에서 특히 중요하다. 밤이면 빛이 없었던 곳이 환해지면 야생동물들의 생활이 달라진다. 밤에 움직이던 녀석들은 돌아다니지 못하고, 어둠 속에 자는 녀석들은 쉬이 잠들지 못한다. 생태계가 무너지는 시작이다.

광활한 대지 위에 오로지

미국 옐로스톤 국립공원 × 백패킹

기억에 남는 캠핑들은 공통점이 있다. 풍경도 중요하고 동행도 중요하지만, 대개는 한가로웠다. 북적거리는 캠핑장보다는 한가로운 캠핑장에서 호젓하게 즐겼던 여유로움. 캠핑의 가장 큰 매력은 자연 속의 여유로움이다. 울창한 숲이건 눈 덮인 산줄기든 맑은 여울이든, 자연이 속삭이는 소리가 들리는 것 같은 캠핑. 친목을 도모하거나 이동 중 휴식을 취하는 수단이 아니라 캠핑 그 자체가 목적일 경우라면 대자연이 나를 안아주었던 캠핑들이 좋았다.

그중의 절정은 옐로스톤 국립공원Yellowstone National Park이었다. 최초의 국립공원, 미국 최초의 국립공원이기도 하지만 '국립공원'이라는 개념을 만들어낸 공원이기도 하다. 옐로스톤 국립공원 백패킹의 시작은 동료 해진의 제안이었다. 좋은 기회가 생겨 오랜 시간 꿈꾸었던 옐로스톤 국립공원 캠핑 여행을 하려 하는데 같이 하지 않겠느냐는. 부러우나 가당치 않은 제안이었는데 농담 반, 진담 반으로 이야기가 반복되면서 희한하게 '어떻게!'는 '어쩌면'을 거쳐 '이때 아니면 언제', 곧 '어떻게든'으로 바뀌었다. 그 며칠 후 우리는 옐로스톤 국립공원 북쪽 출입구를 지나고 있었다.

출입구라는 게 별 게 없었다. 사방은 지평선이 완만한 곡선으로 이어졌고 허허벌판으로 외줄기 도로가 있었다. 그 길 어느 지점에 서대문의 독립문을 닮은 아치가 하나 서 있다. '시민의 이익과 즐거움을 위하여For the Benefit and Enjoyment of the People', 아치 상단에 큼지막하게 새겨져 있었다. 국립공원이란 대개는 자연을 보호해야 하는 것 아닐까, 생각했지만 이내 잊었다. 오랜 꿈이 실현되는 순간이었으니까.

옐로스톤 국립공원 관리사무소를 찾아 미리 예약하지 못했음을 밝히고 트레킹과 캠핑을 하고 싶다고 했을 때 직원은 '뭘 도와주면 되겠니' 하는 표정으로 가능하다고 했다. 지도를 펴고 대략의 설명을 들은 뒤 우리가 고른 곳은 헬로어링 트레일Hellroaring Trail의 캠프사이트 2C1이었다. 자동차가 다니는 들머리(트레일헤드Trail Head)에서 숲 방향으로 약 8km 정도 들어가야 했다. 먼 거리도 아니고 자연을 보면서 쉬엄쉬엄 가기에 적당한 거리였다. 그 앞 사이트는 너무 가까웠고 다음 사이트는 가는 데 급급할 것 같았다.

예약을 마쳤지만 곧바로 출발할 순 없었다. 15분 정도

시청각 교육을 받아야 했다. 영어에 취약했던 우리는 교육에 집중할 수 없었지만 대략 정수기를 챙겨라, 텐트는 취사한 곳에서 멀리 떨어져야 한다, 곰을 만나면 어떻게 행동해라, 물줄기를 건널 때는 어떻게 해라, 하는 내용이었다. 예약을 하면서 들었던 내용이기도 하고 관리사무소 곳곳에 안내가 되어 있기도 했다. 교육을 마치고 매점에 들러 물과 먹을 것을 좀 샀다. 조니워커 레드 라벨 한 병도 잊지 않고 챙겼다.

날씨는 맑고 따뜻하되 간혹 선선한 바람이 부는, 우리나라로 치면 4월 중순의 날씨였다. 물론 같은 공원이지만 지역마다 날씨는 달랐다. '여기'는 햇살이 따스하지만 '저기' 멀리에는 폭우가 쏟아지는 것이 보였다. 눈으로 보여도 뻥 뚫린 개활지이기 때문에 실제 거리는 꽤 되었을 것이다. 공원 넓이가 경기도보다 조금 작은 정도였으니 날씨가 같을 수만은 없는 노릇이다. 어쨌거나, 처음 트레일을 걸은 날은 온건한 햇살과 순한 바람의 축복을 받았다. 내가 이곳에 있다는 게 믿기지 않아, 그리고 언제 다시 올지 기약할 수 없어 몇 분 걷고 뒤돌아보고 모퉁이 돌기 전에 돌아보고 언덕 넘기 전에 다시 멈추곤 했다. 모든 것이 순조로웠다. 그 발자국을 보기 전까진.

'누구나 그럴싸한 계획을 가지고 있다, 주둥이 얻어터지기 전까지는.' 마이크 타이슨이 말했다. 푸른 초원 가운데로 사람 한 명이 겨우 걸을 수 있는 길이었다. 걷는 덴 지장이 없지만 스틱을 짚기엔 좁을 정도. 스틱을 풀밭에 디디면서 나아가고 있는데 낯선, 아니 아주 익숙한 발자국이 있었다. 그도 그럴 것이 사진이나 그림으로는 아주 많이 봤지만 실제로 본 적은 그때가 처음이었다. 곰 발자국. 길이는 발톱까지 한 뼘 정도였고 뒤꿈치 부분의 흙이 4~5cm 정도 눌러 있었다. 새끼 곰이네, 일단 안심. 그럼 어미 곰이 있단 얘기잖아, 이단 불안. 시민의 이익과 즐거움을 위한다며! 그전에 안전이 우선이잖아!

공원에 들어오기 전 몬태나의 아웃도어 장비점에서 본 전단지가 떠올랐다. '곰 스프레이 ; 리필해 드립니다.' REI에서 곰 스프레이를 사면서도 일종의 비상약이라고 생각했다. 가지고 있으면 되는 것. 필요하면 쓸 수 있도록. 곰 발자국을 보고 나서 생각이 바뀌었다. 어쩌면 그 발자국을 보기 얼마 전에 본 짐승의 뼈 때문일지도 모르겠다. 아마도 엘크의 대퇴부로 보이는, 오래되어 말라비틀어진 뼈가 아닌 살점과 털이 아직 남아 있고 뼈 곳곳에 핏자국도 고스란한. 곰 스프레이는 비상약이 아니라 총이었다. 가지고 있어도 제때 꺼내지 못하면 없는 것이나 다름없는 총. 배낭 헤드에 넣었던 스프레이를 혹시나 하는 마음에 배낭 옆 물통 주머니로 옮기긴 했지만 발자국을 보고 나서 멜빵 아래 스트랩에 걸었다. 연습도 했다. 총잡이처럼 오른손으로 꺼내 안전핀을 왼손으로 탁 쳐서 제거하는 연습. 몇 번 해보니 2~3초면 스프레이를 발사할 수 있게 되었다.

물론 실전은 다를지도 모를 일이었다. 곰이 앞에 있다면 손을 어버버버 떨다가 스프레이를 떨어뜨릴 수도 있는 노릇이었다. 연습과 기도의 비율을 적당히 섞기로 했다.

너른 초원에서 시작된 트레일은 산속으로 접어들었고, 강물은 거칠게 흘러내렸다. 이름처럼 지옥의 으르렁거림까지는 아니라도 제법 거친 소리를 냈다. 내내 지도를 보며 얼마나 남았는지를 계산하며 걸었다. '이제 곧 나올 때가 됐는데' 싶었을 때 사이트를 안내하는 이정표를 발견했다. 이정표라기에도 쑥스러울 정도로 간단했다. 허리춤 높이의 가느다란 쇠말뚝을 하나 박고 작은 철판을 달아 사이트 번호를 새겼다. 방향은 트레일에서 벗어나 숲으로 빠지는 희미한 외줄기 흙길이 안내했고 얼마나 가야 하는지는 아무도 몰랐다. 뭐 좀 가면 나오겠지.

언덕에서 아래로 200m 정도를 가니 모닥불 피우는 시설이 있었다. 트레일을 걷는 사람을 신경 쓰지 않고 캠핑을 할 수 있는 구조다. 반대의 경우도 마찬가지고. 화덕 시설이라고 해봐야 돌 몇 개 둥글게 이어놓고 주변에 죽은 나무 적당히 잘라 몇 개 놔둔 식이다. 바로 옆은 울창한 숲이었고 그 뒤로는 헬로어링 크릭Hellroaring Creek이 흘렀다. 물을 정수해서 먹을 수 있도록 모든 사이트는 개울을 끼고 있다. 텐트를 치는 곳은 화덕에서 다시 120m 정도를 더 가야 했다. 혹시나 음식물 냄새를 맡고 곰이 온다 해도 사람이 다치는 일을 최

대한 피하기 위해서다. 대신 텐트 안에는 침구 이외 어떤 음식물도 두어선 안 된다. 그건 곰을 부르는 미끼다. 남은 식량은 밀봉해서 배낭에 넣은 후 배낭을 공중에 매달아야 한다. 이를 위해 화덕에서 텐트 사이트 반대 방향으로 나무 두 그루 사이에 봉을 달아두었다. 봉은 지상에서 20m 이상 떨어져 있었다. 우리는 준비한 줄을 봉에 걸치고 배낭을 묶어 최대한 높이 끌어올렸다. 배낭은 나무와 나무 사이 중앙에 위치해야 했다. 곰이 나무를 타고 올라도 배낭에 이르지 못하도록. 이 지난한 과정을, 살아보겠다고 일일이 하고 나니 어두워진 이후에는 숲으로 등을 돌리는 게 무서워졌다. 저 으슥한 숲은 곰이 한 마리도 없다는 말이 더 믿기지 않을 정도로 울창했으니까.

그 무서움을 압도한 건 여유로움이었다. 다른 사이트 어딘가에 우리처럼 캠핑을 하는 이들이 있겠지만 거리가 멀어 옆 사이트에서 '떼캠'을 한다고 해도 알 도리가 없다. 마치 국립공원을 독차지한 느낌이었다. 우리가 머문 사이트는 화덕과 텐트 사이트를 합치면 텐트 50동도 너끈히 칠 수 있는 넓이였다. 하지만 오직 한 팀만이 이 사이트를 이용할 수 있었다. 한 팀의 인원은 여덟 명을 넘지 못한다. 10명이 팀으로 왔다면 두 사이트에 나눠 캠핑을 해야 하는 게 원칙이다.

주변의 잔가지와 잘 마른 배설물들을 모아 불을 붙이고

물을 정수해 끓여 동결 건조식량을 익히면서 레드 라벨을 한 잔씩 따랐다. 이건 환호가 터지는 벅찬 기쁨도 아니고 박장대소로 간직할 행운 같은 것도 아니었다. 머릿속이 환해지면서 잘 간직해야 할 깨달음 같은 것이랄까, '캠핑은 이런 것이지' 하는.

해가 지고 사방이 어두워졌다. 건너편 숲은 칠흑처럼 시커메졌다. 더불어 조용해졌다. 간혹 바람이 일었고 물소리는 끊이지 않았지만 어떤 소음도 없었다. 낮에는 떠들면서 소리라도 낼 수 있지, 이제는 운에 달렸다. 안전을 위한 가이드라인을 마련한 국립공원의 오랜 노하우를 믿어야 했다. 밤이 깊어졌고 우리는 어둠과 고요를 느끼면서 잠자리에 드는 일밖에 할 것이 없었다. 굶주린 곰이 우릴 찾지 않기를 바라면서.

솔직히 우리가 옐로스톤 국립공원에서 텐트를 치고 캠핑을 한 것은 며칠 되지 않는다. 해외 출장에 날짜 며칠 붙여 떠난 여행이었고 아치스 국립공원Arches National Park도 가야 했기 때문에 시간이 많지 않았다. 그야말로 코끼리 발톱만 만지는 수준이었다. 어마어마하게 큰 공원의 크기와 우리가 걸었던 길의 길이를 말하는 것이 아니다. 옐로스톤 국립공원에 충분히 동화될 만큼 그 자연 속에 녹아들 정도의 시간을 보내지 못했다. 하지만 그 며칠간의 캠핑이 우리에게 준 교훈은 명확했다. 캠핑이란 자연을 온전히 즐기는 것이지. 날것의 자연을 고스란히 누리는 것이지. 그 뒤로 내가 생각하는 캠핑의 원칙과 기준은 바뀌지도 흔들리지도 않았다. 필요와 상황에 따라 조금씩 응용할 뿐이다.

짧지만 밀도 높았던 일정을 마치고 옐로스톤을 나오면서 북쪽의 아치를 다시 만났다. 다행히도 곰에게 주둥이가 얼어터지는 일은 없었다. '시민의 안전은!' 따위의 볼멘소리는 이미 캠프장 주변 어딘가에 싼 똥과 함께 내 몸과 마음에서 빠져나간 지 오래였다. 우리가 느꼈던 약간의 공포는 대자연의 아름다움과 경이로움을 완성하는 마지막 퍼즐 조각이었다. 그제야 '시민의 이익과 즐거움'이 무엇인지, 혹은 무엇이어야 하는지 깨달았다.

챙길 것과 버릴 것

비단 해외 캠핑뿐 아니라 우리나라 캠핑도 마찬가지지만 나는 소품 세 가지가 캠핑의 경험을 좌우한다고 믿는다. 다만 해외의 경우 대체재가 없기 때문에 그 존재감이 커질 뿐이다.

1 슬리퍼. 오래 걸어야 할 때 물집을 막는 최고의 방법은 신발과 양말을 자주 벗어 발과 신발과 양말을 말리는 것이다. 슬리퍼가 있으면 편하다. 또한 옐로스톤 국립공원의 옐로스톤 강에서 맨물 목욕을 하고 나서 슬리퍼가 없었다면, 버펄로 똥이 천지인 풀밭을 걷는 생각만으로도 끔찍하다.

2 손톱깎이. 손톱깎이라고 손톱만 깎는 건 아니다. 스트링도 펑크 패치도 자를 수 있고 발의 물집도 라이터로 소독해 터트리면 편하다. 은근히 신경 쓰이는 손톱 거스름도 자르고 양지 바른 곳에서 쉴 때 햇살을 등지고 손톱이나 발톱을 자르면 그런 호사가 없다.

3 베개. 다만 짐을 어떻게든 줄여야 하는 해외 백패킹에서는 잡주머니에 재킷이나 바지를 돌돌 말아 베고 자면 되니까 굳이 챙길 필요는 없겠다.

국내 백패킹의 필수템으로 자리 잡은 백패킹용 의자와 테이블은 무게와 부피 대비 효과가 거의 없었다. 쉴 때는 의자를 꺼내 조립하는 게 번거롭다. 그냥 배낭의 침낭 패킹 부분을 깔고 앉는 게 편하다. 테이블도 마찬가지. 점심은 대개 간단히 때우고 아침, 저녁도 오랜 시간이 걸리지 않기 때문에 조립하고 해체하는 게 더 번거롭다. 찬이 그리 많지도 않고.

횡성 병지방계곡 × 미니멀 캠핑

우연이 선물한
나의 아지트

"이야, 여기 텐트 한 동 치고 캠핑이나 하면 좋겠네."

캠핑하는 사람들은 경치가 좋다는 표현을 이렇게 한다. 혹 그 풍경에 정말 텐트 한 동 정도 칠 수 있는 공간이 있다면 "여기 딱 텐트 자리네"가 따라붙을지도 모른다. 백패킹을 좋아하는 사람도 마찬가지. 산을 오르거나 둘레길을 걷다가도 두 평 정도의 평평한 공간이 있으면 '저쪽을 향해서 여기다 텐트를 이렇게 치고…' 배치도를 머리에 그린다. 대단한 게 아니라 그냥 습관이다.

말했듯이 백패킹용 텐트는 두어 평이면 여유 공간까지 충분하다. 나도 이곳저곳을 제법 돌아다니면서 보아둔 포인트가 몇 곳 있다. 캠핑하기 좋은 곳이라고 늘 캠핑을 할 수 있는 건 아니다. 마음에 들었지만 너무 멀거나 접근성이 생각보다 안 좋아서 혹은 너무 길가라서, 그리고 불법이라서 실제로 캠핑을 못 한 곳이 많다. 할 수 있고 실제로 했고 지금도 가끔

가거나 가고 싶어지는 곳도 물론 있다. 앞서 소개한 품걸리나 물로리도 그중 하나고 이제 이야기할 병지방계곡 지천 어딘가도 그렇다.

잠깐, 병지방계곡. 이름이 계곡 이름치고 좀 이상하지 않나? 맑고 시원한 물이 흐르는 계곡이라면 자고로 선녀가 놀았다는 '구라'를 덧붙여야 사람들이 모이기 마련이라 설악산에는 십이선녀탕계곡이 있고 지리산에는 칠선계곡이 있다. 아니면 근처의 유명한 이름을 따서 짓기도 한다. 공감은 둘째치고 무슨 뜻인지 짐작도 안 간다. 계곡이란 산줄기를 끼고 있기 마련인데 병지방계곡이 깃든 어답산이나 발교산, 태의산은… 글쎄 강원도에는 워낙 고봉준령이 많아서인지 귀에 익지 않다. 여름을 맞아 서울 근교의 계곡을 주제로 병지방계곡 여행기를 써달라는 의뢰를 받고 잠시 그리고 조금 뜨악했다.

계곡에 도착하니 점심 무렵이었는데, 와 보니 왜 추천해달라고 했는지 이해가 됐다. 유원지가 있어 본격 휴가철이 아니었는데도 물놀이를 하는 사람들이 꽤 많았다. 물줄기는 제법 넓고 깊었으며 길이도 길었다. 동네 이름이 병지방리다. 횡성군 갑천면 병지방리. 동네 이름을 계곡에서 가지고 왔다는 뜻이다. 물놀이할 거 아니라면 사람 뜸한 계절에 와서 캠핑하면 괜찮겠네, 고로 제 점수는요 80점입니다. 감점 요인은 생각보다 볕이 드는 곳이 많아서 그리고 사람이 너무 많아서였다. 볕이 드는 건 여름 빼면 장점이기도 하다.

병지방兵之方이라는 이름은 병사들이 머물렀던 지역이란 뜻이고, 갑천은 갑옷을 씻었다는 천이다. 그 병사가 진한 태기왕의 병사들이다. 박혁거세의 추격을 받아 퇴각하다 잠시 쉬었다고. 신라가 세워질 무렵으로 거슬러 올라가는 셈이다. 병지방리 동쪽의 태기산은 태기왕이 마지막으로 저항했던 곳이고 병지방계곡이 있는 어답산은 박혁거세가 올랐던 산이라는 뜻이다. 어쨌거나.

취재는 무사히 끝났다. 무사히, 라고 할 것도 없는 게, 계곡 곳곳을 여행온 느낌으로 돌아보면서 좋은 곳 있으면 좀 쉬면서 찬찬히 살피면 된다. 다시 돌아가기에는 뭔가 아쉬운 시간. 차로 계곡(물론 유원지로 삼을 만한 구간을!)을 처음부터 끝까지 다시 훑었다. 혹시나 놓친 것이 있을까 봐. 마쳤으니 이제 돌아갈까?

출발하기 전에 차를 멈추고 지도를 펼쳤다. 날도 더운데 어디 한갓진 그늘에서 낮잠 한숨 잠깐 자고 갈 수 있을까. 지도를 폈다. 스마트폰 지도가 부실했던 시절, 차에는 도로교통지도가 있었다. 대개는 1:100,000의 축척이었으나 나는 1:50,000 도로교통지도를 가지고 다녔다. 일로 떠난 여행에서 주변에 돌아볼 곳을 찾기 위한 용도였는데 가끔은 어중간하게 남은 시간에 잠시 쉴 공간을 찾는 데도 쓸모가 아주 좋았다.

어라, 병지방계곡으로 흘러드는 지천을 따라 올라가는 길이 바로 옆이네, 가는 중간중간 집이 몇 채 있고 길이 산 쪽으로 이어지네. 국도도 지방도로도 아니니 차도 많지 않을 테고 어디 그늘진 공터나 널찍한 길가가 있지 않을까. 가 보자, 없음 말고.

차를 돌려 차 두 대가 겨우 교행할 수 있는 시멘트 포장 도로로 들어섰다. 마을이라 하기에는 집이 어쩌다 한 채씩 있었고 그마저도 10분 정도 가자 보이지 않았다. 길도 비포장으로 바뀌었다. 길 폭은 좁아졌는데 가끔 교행을 위해 차가 피할 수 있도록 공간을 마련해 두었다. 지형에 따라 때때로 길이 넓어지기도 했다. 길 양쪽으로 가파르게 산줄기가 솟아 길에는 햇볕이 거의 들지 않았다. 그래, 이런 곳을 찾고 있었단 말이지. 이제 포인트만 찾으면 돼.

그러다 그 포인트가 눈에 들어왔다. 자, 상상해보자. 찻길과 물길이 나란히 이어지는데, 양쪽에는 가파른 산이야, 피오르 같은 생김새란 말이지. 게다가 나무가 많아 죄다 그늘이고 바람이 불면 나뭇잎들이 흔들리면서 가끔 햇살이 비쳐. 차가 다니는 데 지장을 주지 않는 곳에 차 한두 대 댈 수 있는 공간이 있어. 거기서 물가로 내려설 수 있네? 내려선다고 해봐야 계단 두세 개 정도 높이야. 그곳엔 백패킹 텐트를, 여유롭게 한 동, 좀 빡빡하다 싶게는 두 동까지 칠 수 있는 공간이 있어. 그 옆으로 나무가 몇 그루 있고 나무 너먼 계곡이야. 바짓가랑이 걷고 서면 깊어야 무릎, 얕은 대신 폭이 넓어.

8~10m 정도 될까? 근데, 어휴, 엄청 맑고 엄청 차가워. 바닥은 어른 주먹 크기 돌들인데 이끼가 없어 미끄럽지도 않아. 개울 소리가 돌돌돌 나는데 이런 ASMR이 없어. 여유 부릴 건 생수 한 통과 작은 휴대용 의자밖에 없어서 의자를 펴고 개울에 발 담근 채 물만 마시는데 뒷덜미에 번질거리던 땀이 식는 게 느껴질 정도였어. 잠은 달아난 지 오래였지. 그때였어, 바람이 조금 세자니 개울가 나무에서 자잘한 꽃잎들이 화라락 지더라구. 그 꽃잎들이 개울물에 떠서 내 앞을 지나가는데, 거짓말처럼 아름다웠어. 나는 전생에 길바닥에 오줌도 안 눴을 거야, 그러니 이런 선물을 우연처럼 만났지.

그렇다면 나는 불러줘야지, 너의 이름을. 지도책에 '한숨'이라고 적었다. 낮잠이나 한숨 자려다 발견하기도 했고 늦봄부터 초가을까지는 실제로 시에스타를 즐기기에도 아주 좋아보였으니까. 무엇보다 그곳에 이르는 길과 그곳의 풍경이 마치 '넌 좀 쉬어, 한숨 자든가'라고 말하는 것 같아서.

마음처럼 다시 찾는 게 쉽진 않았다. 일로 캠핑을 다니다 보니 쉴 수 있을 땐 캠핑 말고 다른 걸 찾게 됐다. 그러다 다시 그 포인트를 찾은 건 시간이 꽤 흐른 뒤였다. 동해안으로 출장을 가는 길에 하루 먼저 출발했다. 나의 '한숨'과 그전에 어딘가에 잠시 들러 멍하니 휴식을 취할 계획으로.

먼저 들른 곳은 풍수원성당. 종교에 대해 말하는 것이 아니다. 가본 것으로 치면 성당보다 절이 훨씬 많다. 종교는 상관없다. 가보면 안다. 성당의 풍경이 그저 아름답다. 내소사 대웅보전 꽃문살처럼 그냥 보고 있게 된다. 작은 마당의 큰 나무를 배경으로 작은 성당이 서 있지만, 가만 보고 있으면 성당과 오가는 사람들이 조연이고 커다란 은행나무가 주연 같다. 여기서 몸과 마음은 반쯤 무장해제를 당한다. 정말 미움이 후회스럽고 분노가 쓸데없어지며 스트레스가 맥없이 무너져 내린다.

평화를 되찾은 마음과 몸에 휴식을 채우기 위해 나의 아지트 '한숨'으로 향했다. 한 가지 염려는 누가 먼저 와 있지는 않을까, 였다. 평일 오후라 나처럼 캠핑을 하러 온 사람은 없겠지만 혹시 마을 청년 서넛이 작업 일찍 마치고 술 한잔 하려고 자리를 잡았을 수도 있으니까. 홍천 시절의 나와 내 친구들처럼. 그러면 병지방계곡의 적당한 곳을 찾아 놀면서 술자리가 파할 때까지 기다릴 작정이었다. 나의 '한숨'을 버리고 주변 다른 곳에 텐트를 치는 건 있을 수 없는 일이니까.

사람은 없었다. 두어 해 전 내가 처음 이곳을 만났을 때와 달라진 게 거의 없었다. 아쉽게도 누군가 불을 피운 흔적이 있었다. 그때도 흔적은 있었지만 화덕의 규모가 커졌다. 하긴 가기 어려운 오지도 아니고 누구라도 오가면서 볼 수 있는 곳인데 사람의 손길을 탈 수밖에 없지. 그래도 내게는 아지트 같은 이곳을 잘 간직하기 위해 타고 남은 재 이외의 쓰레기는 죄다 주웠다. 이 정도면 하루 잠시 머물다 가도 되겠지.

오후가 되자 사위가 빨리 어둑해졌다. 양옆이 가파른 산이라는 걸 떠올리자. 내일 아침 해도 늦게 뜰 것이다. 어둠은 불을 밝히면 되는데, 문제는 추위였다. 7월 초의 낮에도 선선했고 잠시 쉬면 한기가 느껴졌는데 아마도 6월 초였을 그 밤은 얼마나 추웠을까. 하하, 이럴 줄 알고 겨울 재킷과 겨울 침낭을 챙겼다. 겨울이 시베리아보다 추운 대한민국 아닌가.

화덕 자리는 분명 고기를 구웠던 곳이었지만 나까지 고기를 굽긴 싫었다. 허기만 메운다면 먹는 행위에 집중하기가 싫었다. 나를 아는 사람들은 믿지 않겠지만 나도 가끔 그럴 때가 있다. 고기 익는 소리가 그 고요함을 깨는 소음일 것 같았다. 술도 마시지 않았다. 취하면 그 고요함과 평화로움을 제대로 받아들이지 못할 것 같았다. 얼른 물만 끓여 누룽지를 만들고 커피를 내렸다. 남은 물은 보온병에 담아두었다. 개울이 점점 어두워져 어둠에 흡수되는 모습을 지켜봤다. 아마도 달빛이었겠지, 간혹 달빛이 물에 반사되어 반짝거렸다. 이 작은 개울에서 윤슬을 보게 될 줄이야.

세상 달콤한 잠을 잤다. 술을 마시지 않으니 뒤척이지도 않았다. 새벽에 딱 한 번 깼다. 새벽 1시 무렵이었는데, 이유는 모르겠다. 완전하게 어둡고 완벽하게 조용했던 것이 평소와 달라 잠결에 놀란 게 아니었을까, 짐작할 뿐이다. 아침에 눈을 뜬 건 물소리와 함께 들리는 새소리였다. 새소리에 잠을 깬다는 건 굉장히 로맨틱하게 들리지만, 사실은 그렇지 않다. 새소리에 과문해서 잘 모르지만 캠핑장이나 산속에서 들리는 새소리는 주로 악을 쓰는 듯한 소리가 많아 경쾌하다기보다 시끄럽다. 새소리가 상상처럼 가볍고 유쾌했던 건 저때가 처음이었다.

사실 자러 들어가기 전에 걱정했다. 새벽에 비포장길로 차들이 다니면 전조등 불빛, 엔진과 타이어의 소음은 어떻게 하지? 혹시나 배고픈 멧돼지 가족이 내려오면 어떻게 하지? 차도 멧돼지도 지나다니지 않았는지 와도 몰랐는지, 잘 자고 일어났다.

이후로도 두어 번 더 갔다. 캠핑으로 한 번, 지나는 길에 쉬러 한 번. 캠핑으로 갔을 땐 라면 하나를 끓였다. 블루투스 스피커로 음악도 아주 작게, 물소리가 묻히지 않을 정도로 틀었다. 첫 번째 캠핑보다는 덜 엄격했지만 괜찮았다. 평화로움과 즐거움이 공존했다. 쉬러 갔을 때는 아무것도 하지 않고 움직이지도 않고 그냥 쉬었다. 뭔가 더 격렬하게 아무것도 안 하면서 쉬고 싶었지만 그 경지에는 이르지 못해 그냥 가만 있다가 졸다가 멍 때리다가 까무룩 잠도 들었다가, 눈 떠보니 두 시간이 지나 있더라. 캠핑이 일상의 여백이라면 그런 휴식은 캠핑의 여백 같았다.

글쎄 이런 걸 무슨 캠핑이라고 불러야 할까. 차로 왔으니 오토캠핑이고, 배낭 하나에 장비 다 담았으니 백패킹이라고 해도 되고, 흔적도 없이 조용히 하룻밤 머물고 나왔으니 스텔스 캠핑이기도 하다. 세팅이랄 것도 없이 텐트, 매트리스, 침낭, 스토브, 코펠 이외에는 꺼내지도 않았으니 미니멀 캠핑이라고 해야 할까? 내용을 들여다보면 미니멀 캠핑이라고 하는 게 그나마 가장 그럴싸하다. 뭔가를 규정하는 것이 부질없다는 생각도 들고.

우리의 몫은 이름 걱정 접어두고 그냥 원하는 방식으로 캠핑을 즐기는 것이다. 존재가 있어야 이름도 짓지. 특정한 방식으로 캠핑하는 사람들이 많아지면 브랜드에서 알아서 이름을 지어줄 것이니. 세상에 없는, 아니 아직 이름을 얻지 못한 이 세상 모든 캠핑이 우리를 기다리고 있다.

 나만의 아지트 만들기

지도에서 폭 1mm 정도의 하얀색 길은 지방도로보다 좁은 기타 도로다. 아스팔트 포장이 된 경우도 있고 대개는 시멘트 포장이며 임도를 포함해 가끔 비포장 구간도 나온다. 한적한 곳은 이런 길 주변에 많다. 지도에서 가느다란 파란 선은 물줄기다. 물줄기가 크면 선도 굵어진다. 기타 도로 옆으로 난 가는 실선은 개울이다. 개울이든 숲이든 바닷가든 자기가 좋아하는 자연 환경 주변의 기타 도로를 찾아보자. 주의할 건 두 가지. 캠핑을 할 수 있는지는 확인해야 하고 몇 번 실패하면 보는 눈이 생기니 몇 번 실패에 너무 실망하지는 말라는 거. 확인은 아무래도 지자체(면사무소, 동사무소)에 해보는 게 빠르다. 성공률은 나의 경우 3할 정도다. 돌아다닐 일이 많다 보니 다니다가 우연히 찾는 경우가 더 많았다.

영주 소백산자락길 × 백패킹

걷다 보면

뭔가 잘 풀리지 않을 땐 단순한 육체 행위를 반복하는 것이 좋다. 어려우면, 하면서 생각해야 하고 오래 하기 어렵다. 숨 쉬는 것 다음으로 쉬운 게 걷기다. 머리나 마음이 복잡하면 걷는다.

하려고 애를 쓰던 일이 잘 되지 않았을 때 잠시 물러나고 싶었다. 내 일을 남의 일처럼 곁눈질하듯 바라보고 싶었다. 내 곁의 비극도 멀리 보면 코미디일 수 있으니까. 마침 투표일이 주중에 껴서 사전투표를 하고 배낭을 꾸렸다. 목적지는 오랜 기간 좋아했던 소백산. 연화봉이나 비로봉을 찍고 오는 코스가 아니라 자락길을 홀로 돌기로 했다. 텐트, 매트리스, 얇은 침낭, 버너, 코펠, 가스, 물통, 정수 필터, 행동식과 비상용 라면, 여분의 옷과 양말. 6월이라 35L 배낭으로 충분했다. 미국의 장거리 트레일과 달리 마을과 마을을 잇는 길이라서 밥은 가끔 사 먹기도 할 거라 준비는 단출했다.

소백산자락길은 140km가 조금 넘는다. 만든 이들은 이 거리를 열두 자락으로 나누고 각 자락이 12km 안팎이 되도록 코스를 짰다. 한 번에 걸으려 한다면 구간은 별 의미 없다. 걸을 만하면 좀 더 가고, 지치면 쉴 곳 찾아 누우면 그만이다. 며칠 정도 걸릴까, 하루 평균 20~25km 잡고 예비일 하루를 잡아 1주일 정도 예상했다. 빨리 돌면 부석사 구경하며 놀 생각이었고 힘들면 하루 이틀 더 걷지 싶었고 정 힘들면 중간에 접고 돌아오지 뭐, 계획을 활짝 열어두었다. 어떤 우연의 해프닝도 이벤트도 반갑게 맞으리라 생각했다.

첫 사건은 가는 길에 일어났다. 영주까지 가는 동안 고라니 세 마리를 만났다. 한 마리는 늦은 밤 고속도로 같은 국도에서 중앙분리대 건너편에 오도카니 선 채로 짧은 순간 나와 눈이 마주쳤다. 또 한 마리는 10분 정도 더 달렸을까, 도로변에 로드킬을 당한 채 누워 있었다. 목적지까지 8분 정도 남았을 때, 건너편 차로에서 뭔가 툭 튀어나왔다. 브레이크를 밟을 틈도 없이 그 녀석은 고개를 돌려 나를 보곤 지나갔다. 나는 녀석의 오른쪽 뒷발을 쳤다. 살았을까? 돌아갔을까? 현장은커녕 고라니와 부딪친 오른쪽 앞 범퍼도 볼 엄두가 나지 않았다. '이런 이벤트라면 사절인데' 생각하며 영주 선비촌 주차장에 도착했다. 쿵쿵대는 마음을 애써 다스리고 잠시 눈을 붙였다.

이른 새벽, 짐을 꾸렸다. 신발끈을 적당하게 조여 매고

스틱 길이를 조정한 뒤에 길을 나섰다. 딱히 어디서 시작해야겠단 생각이 없어서 1구간 시작점으로 왔고, 부석사를 마지막에 보고 싶어서 시계 방향으로 돌기로 했다. 날은 밝았고 포장된 길에 스틱 짚는 소리와 발 딛는 소리 그리고 숨소리 말고는 간혹 들리는 새 소리가 전부였다. 나는 곧바로 걷는 것에 적응하고 집중하게 되었다. 나의 몸은 좀 더 적응이 필요했고 나의 감각은 새로운 풍경을 받아들이느라 바빴지만 나의 기분은 가라앉지도 달뜨지도 않았다. 크고 작은 결정들, 자잘하고 사소한 이해관계 같은 건 잡념이 되어 저 뒤로 흩어졌다. 오랜 시간 바라고 바랐던 모양이다.

첫날은 소백산 자락으로 쑤욱 들어갔다가 돌아 나와 풍기읍에서 점심 겸 저녁을 먹고 소화도 시킬 겸 조금 더 걸어 2코스 끝 지점을 1.5km 정도 남겨두고 멈췄다. 첫날이라 몸이 덜 풀려 좀 지치기도 했고 마을 입구에서 만날 수 있는 커다란 나무와 그 아래 커다란 정자를 발견했기 때문이다. 시원찮은 정자들이 나올 때마다 매번 다음으로 미루다가 '더는 못 가겠다, 다음 정자가 나오면 무조건 스톱이다' 생각한 지 5분 만이니 뛸 듯이, 아니 자빠질 듯이 기뻤다.

'근데 그냥 자면 되나? 허락을 받아야 하나?'

여태까지 경험으로 미루어 보면 그냥 자도 됐다. 하지만 마을마다 분위기가 다를 수도 있고 남의 마을에서 최소한의 예의는 갖추는 게 맞다. 그래야 다음에 올 여행자들도 환영을 받을 것이다. 고민은 오래가지 않았다. 그곳은 일을 마치고 경운기를 타고 퇴근하는 주민들의 휴식터이기도 했다. 낯선 여행자를 보시고는 뭐 하냐, 어디서 왔냐, 여기서 잘 거냐, 먹을 건 있느냐 이것저것 물어보셨다. 자고 가도 될까요, 여쭈었고 주민분들은 편히 쉬라며 얼른 자리를 비키자고 서로를 재촉하셨다.

나는 텐트도 치지 않고 매트리스와 침낭, 작은 랜턴만으로 잠자리를 만들었다. 완전히 어두워지고 나서 나는 다리 밑 개울에서 몸을 닦고 개운하게 잠들었다. 낯선 환경에 새벽에도 눈을 몇 번 떴는데 결국 6시 30분, 고요함을 뚫고 들리는 경운기 소리에 완전히 잠이 깼다. 어제 그 어르신들이었다. 그날은 그 주변 사과밭에서 일을 하시는 날이었던 모양이다. 일어날 필요 없다고, 피곤할 텐데 더 자라고 말씀해주셨지만, 모여서 농사 걱정, 손주 걱정하시는 말씀들이 젖은 낙엽처럼 귓속에 착 달라붙는데 더 잘 수가 없었다. 일어나니 머리맡에 믹스커피와 초코파이가 놓여 있었다.

어르신들은 일을 시작하셨고 나는 개울에서 세수를 하고 올라와 파이와 커피로 아침을 대신했다. 짐을 챙겨 배낭을 꾸리고 큰소리로 인사하니 멀찌감치에서 손을 휘이휘이 흔들어주셨다. 작업용 긴팔 남방이 허수아비 소매처럼 좀 허술한 듯 정겨웠다.

길은 끝이 없었다. 좋기도 했고, 지치기도 했다. 마을 모퉁이를 돌 땐 여기서 나고 자란 누군가는 이쯤에서 멈칫했겠지 싶어 뒤를 돌아 한참을 보았고, 차로도 힘들 고갯길에서는 빌어먹을 이 길은 언제나 끝나나 싶어 한숨만 쉬기도 했다. 마침 구름이 좀 꼈길래 도로변에 매트리스만 펴고 양말까지 벗고 누웠다. '아니, 도대체, 왜! 이따위 길을 자락길로 연결해서 이 고생을 하게 만들지?' 화가 궁금증으로 바뀔 무렵 궁금증도 저절로 풀렸다. 소백산자락길이란 게 본디 소백산 자락의 마을 사람들이 오가던 길을 잇고 붙여서 만든 길이다. 이웃한 마을과는 조붓한 길로 오갔겠지만 산 너머의 마을에는 도리 없이 고개를 넘어 다녔을 것이다. 그나마 지금은 지그재그 도로로 경사도를 낮췄으니 고마워해야 할 판이다, 옛날 사람들은 짚신 신고 넘어 다녔던 고개다… 생각하니 마음이 한결 편해졌다.

잠자리에 대한 고민은 티끌만큼도 없었다. 해가 완전히 떨어지기 전에, 그러니까 아직 여명이 남아 있을 때 끼니까지 다 해결하고 잠자리에 든다는 원칙을 세웠기 때문에 4시가 넘어가면 괜찮은 박지가 있는지 눈여겨보기 시작한다. 그런 곳은 수두룩했고 조금만 공을 들이면 근사한 사이트가 나타나곤 했다. 자락길이 산과 마을과 도로를 두루 갖춘 덕에 산속에서도 자고 마을에서도 자고 도로변에서도 잤다. 개인적으로 산속이 제일 좋았고 그다음은 마을이었다.

딱 한 번 걱정 아닌 걱정을 했다. 소백산의 서북쪽 끝에서 방향을 동쪽으로 틀어 한참을 가니 오르막이 나왔다. 지도를 보니 그리 길지 않은 이 고개를 넘으면 마을이 있다. 도착하면 처음 발견하는 중국집에서 짜장면을 먹어야지. 아니 그 전에 맥주를 한잔 들이켜야지. 밥도 한 그릇 비벼 먹어야지. 그리고 마을 어딘가에 있을 정자에서 잠을 청하면… 모든 것이 완벽해 보였다.

베틀재에 올라섰을 때 해가 슬슬 지고 있었다. 마을까지 약 3.5km, 내리막이니 40분, 식당까지 10분, 나쁘지 않아, 괜찮을 거야. 하지만 마을에 도착했을 때는 완전히 어두워졌다. 의풍마을에서 중국집은커녕 슈퍼마켓도 검색되지 않았다. 눈에 띄는 버스정류장에 앉았다. 우선 좀 쉬어야 했다. 지나는 사람이나 버스만 있어도 기사님께 여쭤봐야지. 하지만 사람도 버스도 오지 않았다. 물과 초콜릿과 아몬드를 습관처럼 씹고 있을 때 고개를 내려오는 차가 있었다. 버스도 택시도 아니어서 실망하려던 차, 차가 정류장 앞에서 유턴을 하더니 멈추었다. '설마 나를 보고?' 지친 몸을 이끌고 겨우 일어서는데 사람이 내렸다. '우리나라 시골 인심, 아직 죽지 않았어!' 반가운 마음에 다가갔다.

"안녕하세요. 그냥 말씀만 좀 여쭈려고요."

두 사람이 나를 돌아보는데 흠칫 놀란 표정이다. 나를 보고 차를 돌린 것도, 나를 보고 차를 세운 것도 아니었다. 그냥 목적지가 거기였고, 내가 있는 줄은 미처 몰랐던 표정이다.

아저씨는 마을에 식당이 없다고 했다. 다음 마을까지는 아마도 10km 조금 넘을 거라고 했다. 그러고는 아내와 함께 짐을 들고 도로변 집으로 들어갔다.

'그렇구나. 맥주와 짜장면 따위는 오늘의 나에게 주어지지 않는구나. 전투식량과 내일 치 행동식으로 배를 채워야 하는 날이구나. 그래, 이런 날도 하루는 있기 마련이지.' 잠자리가 처음으로 걱정됐다. 제대로 먹지도 씻지도 못하고 잠들 그 밤의 찝찝함과 허기가 더 걱정이었다. 정자야 어딘가 있겠지.

"저기요, 찬은 없지만 괜찮으시다면 저희 먹는 상에서 그냥 같이 드실래요?"

"아니, 예, 뭐, 좋습니다만, 실례만 안 된다면…."

아주머니는 아저씨를 말렸다. 차린 것도 없이 손님을 부르면 어떻게 하냐고. 아저씨는 사람 먹고 사는 거 다 거기서 거기라며 손짓으로 나를 계속 불렀다.

"형수님, 밥 한 그릇이랑 수저 한 벌만 더 내주세요."

의풍마을이 고향이신 아저씨는 대구에 살다가 제사를 지내러 고향의 형님댁에 왔다. 제사라고 해서 상을 크게 차리지는 않는다며 미안해하셨다. 대신 형수님께 배추적을 부쳐달라고 하셨다. 배춧잎에 부침가루를 입혀 기름 두르고 지진 건데, 담백하면서도 고소한 맛이 일품이었다. 남은 밥이 얼마

안 된다며 밥을 사발에 고봉으로 내주셨다. 김치와 김 그리고 배추적을 사이에 두고 아저씨와 나는 저녁을 함께 했다. 그날, 말로만 듣던 '트레일 에인절trail angel(도보 여행자를 위해 음식을 놓아두는 등 도움이 되는 선행을 베푸는 사람)'을 처음 만나 호강을 했다. 트레일 에인절이 별 건가, 불편함을 감수하고 자기 곁을 내주면 그게 트레일 에인절이지.

"미안하오만, 재워드릴 수 있는 형편은 아니에요. 다음 마을까지 태워드릴까요?"

나는, 이슬 피할 정자면 충분하고, 아니더라도 평평한 한두 평 땅이면 족하다고, 몸도 마음도 그게 더 편하다고 말씀드렸다. 마을을 조금 벗어난 곳에 작은 공원이 있는데 거기 새로 지은 정자가 있다고 했다. 아저씨 차를 타고 정자로 점프했다.

정자는 지나는 사람이 전혀 없다는 점에서 아주 만족스러웠고, 차가 많이 다니지 않는 길이라는 점에서 훌륭했으며 새로 지어 부서진 곳 없이 멀쩡했다는 점에서 근사했다. 대신 이용하는 사람도 없어 거미줄이 조금 있길래 걷어냈고, 멀찌감치 개 한 마리가 밤새 짖어대 나도 마음껏 코를 골았다. 나는 공원 화장실에서 코펠로 샤워를 마치고 부른 배 쓰다듬으며 순식간에 잠에 빠져들었다. 개 좀 짖는다고 못 자면 여행 제대로 한 게 아니다.

뭔가 잘 풀리지 않을 때 단순한 육체 행위 다음으로 좋은 게 '뻘짓'이다. 뻘짓거리이되 반드시 해야 하는 짓을 굳이 하지 않아도 되는 방식으로 하면 최상이다. 무슨 말이냐 하면, 끼니는 반드시 해결해야 하지만 굳이 무쇠솥에 밥을 짓고 숯불에 고기를 굽고 가니시를 갖춰 상을 차릴 필요는 없다. 그걸 굳이 애써 하는 게 캠핑이다. 집 놔두고 이슬 맞고 자는 거. 꼭 해야 하는 뻘짓거리로 캠핑을 따라갈 게 없다. 어디서 어떻게 하든 뭐라 부르든, 나에게 캠핑의 매력은 그거다.

그 매력은 장소가 번듯하지 않을수록 더하다. 안락한 집 놔두고 밖에서 자는 게 캠핑이라면, 번듯한 캠핑장 두고 좁고 불편한 땅 고르고 겨우 텐트 칠 공간 마련해 자는 게 더 재미난 캠핑일 수 있다. 일정을 시간표처럼 짤 수 없는 긴 여행에서 잠자리를 캠핑으로 해결한다면 대개 비슷한 경험을 한다. 국립공원이라면 야영을 할 수 없고, 백패커들이 많이 모인다거나 행락객들이 쓰레기를 버린 곳이라면 현실적으로 야영이 어려울 수 있다. 하지만 캠핑을 위한 여행이 아니라 여행을 하기 위한 캠핑이라면, 더욱이 이동을 자신의 노동으로 해결하는 여행이라면 노지 캠핑은 생각보다 쉽고 간단하다.

여행을 마치고 한참 지난 후 소백산자락길 여행을 떠올리다가 생각이 나서 배추를 사다가 적을 붙여 보았지만 그 맛이 나지 않았다. 도루묵처럼 허기와 친절이 빚은 맛인지, 내 손이 '똥손'이라 그 맛을 못 내는지 알 수는 없었지만 기분만은 그날 저녁 의풍마을의 평상으로 순식간에 돌아간다.

캠핑의 몇 가지 방법

태안반도 × 비박

함께 있을 때 우리는
두려울 것이 없었다

여행을 떠날 때 단 하나의 준비물만 가져갈 수 있다면 무엇을 챙겨야 할까? 현대인의 뇌인 스마트폰? 만국 공통이자 만사형통의 언어, 그래도 돈이 낫지 않을까? 하지만 나는 이 셋을 두고 다른 걸 챙길 거다. 유머. '여행'을 '캠핑'으로 바꿔도 마찬가지다.

"뭐? 유머? 웃기고 자빠졌네. 유머를 구워 먹을 수 있어? 겨울에 유머 덮고 자면 안 추운가 보지? 한겨울에 턱 돌아가는 소리 하네."

나는 저 녀석이랑은 여행이든 캠핑이든 절대 하지 않을 거다. 저 항변은 유머보다 중요한 게 있다는 이야기가 아니다. 그냥 스스로 재미없다는 사람이라는 얘기일 뿐이다. 그래, 그냥 집구석에서 저금통 까서 동전이나 세셔.

"좀 걷다 올게."

오랜 친구 동선, 지훈과 캠핑을 가기로 했다. 물론 집에는 복잡한 머릿속을 좀 정리하고 싶어서 걸으러 간다고 했다. 물론 100% 사실이다. 머릿속도 복잡했고 그래서 걷고 싶은 마음이 컸다. 그게 다가 아니라는 게 문제다.

소주잔이 어지간히도 들썩거리던 어느 술자리에서 오랜만에 캠핑 한번 가자는 이야기가 나왔다. 가면 술을 마실 터, 이왕 마실 거면 좀 더 맛나게 먹자고 했고, 생각해낸 방법이 술 먹기 전에 몸을 쓰는 거였다. 낮술 대신 트레킹을 택해 저녁술의 밀도와 만족도를 높이는 전략이다. 이왕 걸을 거면 좀 쉽고 풍경도 좋은 길을 걷자 했고, 생각난 곳이 태안이었다. 아웃도어 잡지를 만들 때 첫 출장이 태안이었고 배낭 메고 걸으면서 '참 좋다, 다음에 이리 모여 한 번 오고 저리 모아 또 오고 그래야지' 생각했다. 땅 자체가 높은 산이 없을뿐더러 태안반도의 바닷가를 따라 난 길은 완전히 평지 그 자체였다. 고저가 없는 심심함은 풍경이 지워준다. 내가 걷고 있는 구불구불한 길을 기준으로 한쪽은 끝없는 바다가, 다른 한쪽은 빼곡한 송림이 있다. 수평의 공간과 수직의 공간을 가르는 선을 따라 걷는 셈이다.

"한 25km쯤 걸으면 적당히 출출하지 않을까?"

40대 중반의 사내 셋이 하루 동안 걸을 거리치고는 아쉬움이 남는 거리다. 거리야 성삼재에서 천왕봉까지 거리이니 그 자체로 멀거나 가까운 건 아니나 가벼운 박배낭 메고 평지를 걷는다면 좀 아쉬울 수 있다. 하지만 평소에 운동이라고는 거의 하지 않았으니 가볍게 시작하려 했다. 무엇보다 우리의 목적은 운동이 아니라 적당한 허기와 갈증을 얻는 것이었다.

'사내'라고 표현했지만 남들이 보면 '아저씨'라고 표현할 것이다. 셋 중 하나는 통풍으로 고생한 지가 오래고 또 하나는 허리가 고질병이라 양반 자세로 앉는 식당을 안 간 지가 오래다. 다른 녀석이 그나마 건강한데 옛날에 철심을 박은 발목 때문에 펄펄 날지는 못한다. 현지에 도착해서 목표를 15km로 수정했다. 자신감이 없어서라기보다 부족한 시간 때문이었다. 오는 길에 점심을 먹었으니 대략 2시쯤 걷기 시작했을 것이다. 원래 태풍이 예보되어 있었다. 꽤 오래전에 잡았던 일정이었고 당일 아침 날씨는 '그냥 좀 흐린데?' 정도여서 일단 출발. 도착했는데 비가 오면 어쩔 수 없이 못 걷는 거고. 도착했는데도 날이 좀 흐리다. 걷지 뭐.

오후 5시쯤 되었을까? 빗방울이 떨어지기 시작했다. 시원하고 괜찮은데? 땀에 젖으나 비에 젖으나. 비는, 기가 막히게도 땀이 날 만하면 잠시 내렸고, '이제 좀 갰으면 좋겠는데' 싶을라치면 멈췄다. 날도 저물고 비마저 내리는데 마침 널찍한 솔밭공원이 나왔다. 삼봉해수욕장.

우리에겐 최고의 박지였다. 바다를 보러 온 여행자 한 무리를 빼면 사람이 없었다. 아주 유명한 해수욕장은 아니어서 펜션도 상점도 솔밭을 벗어나야 있다. 그렇다고 외딴 해변의 초라한 해수욕장도 아니어서 시설은 훌륭했다. 화장실과 개수대만 있으면 더 필요한 것이 없다. 해변의 북쪽에는 주차장과 관리사무소가 있었지만 우린 남쪽에서 올라갔으니 해변의 남쪽에 자리를 잡았다. 텐트 칠 곳도 쉽게 찾았다. 전체적으로 약간 비탈이 졌는데 분지처럼 아늑하게 파여 평평한 곳이 있었다. 둘은 2인용 텐트를 하나 치고, 나는 매트리스 깔고 비박을 할 생각이었으니 그리 넓은 면적이 필요하지도 않았다. 오케이, 뚝딱뚝딱, 세팅 완료. 완벽했다.

저녁은 걸어서 10분 거리에 있는 식당에서 먹기로 했

다. 반주를 넉넉하게 해서 1차로 삼고 오는 길에 슈퍼마켓 들러 2차 거리를 사 와서 즐길 생각이었다. 사이트가 솔밭이라 취사장에서 잠깐 물 끓이는 것 말고는 불을 쓰지 않기로 했다. 반나절을 걸었는데 10분을 더 못 걸으랴. 저녁은 푸짐했고 우리는 불콰한 얼굴로 노래를 흥얼거리며 상점을 들러 사이트로 돌아왔다. 아늑한 사이트에 둘러앉아 못다 한 이야기를 나누며 맥주캔을 비웠다. 그래봤자 다음엔 어디 가서 텐트 치고 술 먹을지 궁리한 거지만. 아침에도 좀 걷자는, 제법 건설적인 이야기를 마지막으로 우리는 잠자리에 들었다. 친구들은 텐트로, 나는 텐트 앞에 매트리스를 폈다. 잠시 누웠다가 혹시나 하는 마음에 비박색을 꺼냈다. 비가 올지도 모르니까, 안 오겠지만. 대화는 텐트를 사이에 두고 잠깐 이어졌다. 아마도 마지막 대화는 이랬다.

"야, 근데 오늘 태풍 경보라 그러지 않았냐?"

"그러게, 태풍은 개뿔, 비도 안 오는구먼. 잘 자라."

〽️

잠은 쉽게 들었는데 더 쉽게 깼다. 맥주 홀짝거릴 때만 해도 존재감이 없던 모기들이 어디서 전투력을 상승시켜 나타났는지 극성이었다. 잠결에 생각했다. '모기는 게릴라과科 아닌가? 무슨 모기가 6·25 중공군 같냐.' 비박색 지퍼와 벨크로 테이프를 잠그고 비박색 안에서 몸을 그대로 좌우로 굴렸다. 모기의 침입을 차단하고 포위된 모기를 깔려 죽이겠다는 작전이었으나 실패했다. 더위에 숨이 막혀 열어둔 구멍으로 모기는 끊임없이 들어왔다. 문득 궁금했다, 왜 이러지? 모기가 왜 이리 많지?

"툭, 투둑."

빈가? 생각할 틈도 없이 빗방울들이 휘모리장단으로 몰아쳤다. 텐트랑 비박색의 내수압이 얼마였더라, 잠시 생각하면서 비박색의 지퍼를 마저 잠갔다. 안에서는 모기와 혈투를 벌이고 있었고 밖에서는 자연재해와 싸워야 했다. '와, 이러니 마오쩌둥이 국공 합작을 해야 했구나' 싶다가도, '아 씨발, 모기랑 화해를 할 수도 없고, 미치겠구만' 생각에 포기. 그냥 물리기로 하고 마음을 비웠다. 비는 다만 시끄러울 뿐이었지만 빌어먹을 모기는 신경질적으로 시끄러웠다. 비가 웅장한 스피커로 듣는 첼로라면 귓가의 모기 소리는 이어폰으로 듣는 바이올린이었다. 무엇보다 물린 데가 가렵고, 긁는 것도 마땅치 않았다. 덩치들은 비박색이나 침낭 안에서 종아리를 긁을 수 없단 말이다, 이 파렴치한 모기 새끼들아.

어라, 지금 그게 문제가 아니네, 싶었다. 양팔에 어떤 묵직함이 전해졌다. 설마 이게 물이랴 싶어 뒤척이니 출렁임이 느껴졌다. 빗줄기는 갈수록 굵어졌다. 그나마 다행인 건 바람은 거의 없다는 점. 어떻게 할까? 조금만 더 기다려 보고, 비가 그치거나 빗줄기가 약해지면 물침대다 생각하고 그대로 자기로 했다. 아니면 자리를 박차고 탈출하여 다른 잠자리를 찾기로. 텐트라고 사정 다를 일도 없으니 다른 잠자리라면 화장실이다. 100까지 세고 일어났다. 비박색 너머 정수리에 꽂히는 빗줄기가 아팠다.

화장실 입구에서 잠시 비를 피하면서 보니 조금 떨어진 곳에 천막과 평상이 있다. 농수산물 판매할 때 쓰는 천막 같았다. 그래, 죽으란 법은 없구나. 화장실에서 잘 순 없잖아, 낄낄대면서 매트리스만 들고 튀었다. 이미 빗물 흥건한 비박색은 화장실 문고리에 걸어두었다.

평상에 누우니 빗소리가 낭만스러웠다. 문제는 비를 피하러 천막 아래로 들어온 게 나 말고도 있었다는 거다. 모기들. 방수 재킷으로 반바지 입은 다리를 덮고 팔과 얼굴로 달려드는 모기들은 계속 문지르고 쳐내고 불어내고 흔들어 털어냈다. 근데 천막이 좀 이상한데?

캠핑해본 사람들은 안다. 그늘막에 고인 빗물이나 눈 털어내는 게 얼마나 번거로운지. 거꾸로 말하면 얼마나 빗물이 얼마나 빨리 고이는지. 천막 늘어진 부분에 비가 고일 대로 고여 그냥 누가 봐도 5분 안에 터지겠구나 생각할 수밖에 없는 상태였다. 그 포물선의 꼭짓점 수직 아래에 내 얼굴이 있었다. 이 빌어먹을 모기 떼와 함께 화장실로 피할까, 물폭탄을 맞아 모기 떼를 섬멸하고 화장실에서 피해를 수습할까 고민할 무렵, 어둠 속에서 목소리가 들렸다.

"야, 어딨어?"

평상과 텐트 사이는 대략 20m 정도, 하지만 빗소리가 하도 거세서 잘 들리지 않았다. 헤드랜턴을 켜서 신호를 보냈다. 녀석들도 텐트 안에서 물침대의 기운을 느끼고 빠져 나왔다고 한다. 나와 보니 있어야 할 내가 흔적도 없이 사라져서 '이상하다, 떠내려갈 무게가 아닌데' 하면서 나를 불렀던 거다. 중간 지점인 화장실 앞 개수대에서 만났다. 우선 안녕을 확인했다. 감탄사 안녕이 아니라 명사 안녕이다. '아무 탈 없이 편안함'.

다행스럽게도 모기한테 융단폭격을 당한 것 말곤 다친 데가 없었다. 주변은 모든 게 엉망진창이었다. 셋이 누가 먼저랄 것도 없이 담배에 불을 붙였다. 비가 오니까. 담배라도 젖지 않아 다행이라며 낄낄댔다. 우리는 상황을 정리해봤다. 몸 멀쩡하고 술은 다 깼고 배는 아직 부른 상태였다. 오케이, 뭐 그리 나쁘지만은 않네. 차도 12km 떨어진 곳에 있었다. 택시 타고 가서 차로 모텔이든 어디든, 아니면 막말로 집으로 가면 그만이다. 콜택시에 전화하니 두 시간 정도 기다리라 했다. 우리가 할 일은 두 시간 동안 정리할 수 있는 짐 챙겨 배낭에 패킹하고 택시가 올 때까지 기다리는 것이었다.

"생각보다 시간이 여유가 있네? 우리 라면 산 거 남았냐? 소주는 있을 텐데."

"있지. 찾는 게 문제지."

우리는 헤드랜턴을 들고 사이트로 돌아가 탐색전을 시

작했다. 빛으로 비추고 발로 더듬어 뭐가 걸리면 건져올려 물이 없는 곳으로 던졌다. 소주 한 병, 컵라면 두 개, 참치캔 하나. 버너 하나는 물에 거꾸로 처박혔지만 나머지 하나는 플라스틱 케이스에 든 상태여서 물기만 흥건했다. 물을 끓이지 못하면 라면을 과자로 먹어야 한다. 라이터로 화구 부분을 말려 불을 붙이니 화르륵 파란 불꽃이 일었다. "됐어!"

우리는 여전히 개수대를 놓고 모기 떼와 교전 중이었다. 그도 그럴 것이 그 일대에서 비를 피할 곳이라곤 개수대가 유일했다. 방수 재킷을 입고 부러 비를 맞기도 하고 코펠로 물을 받아 다리에 끼얹어가며 저항해봤지만 당할 수가 없었다. 녀석들은 목숨을 걸고 달려들었다. 우리는 절실함에서 모기에게 졌다. 우리는 그저 닥치는 대로 주둥이를 꽂는 모기들에게 빼앗긴 피보다 많이 보충해야 한다며 소주를 마시고 라면과 참치를 먹어치웠다. 조금도 남기지 않았다. 아 맞다, 원두도 챙겨왔는데. 물을 끓이는 동안 원두를 갈아 커피를 내렸다. 개수대 처마에서 한 손에 커피, 한 손에 담배를 들고 빗소리를 듣고 있자니 그리 나쁘지 않았다.

이제 짐을 좀 챙겨볼까? 일단 챙길 수 있는 짐은 다 건져와야 했다. 텐트며 매트리스며 코펠이며 뭐며⋯ 솔잎과 흙이 범벅된 장비들을 그대로 들어 개수대와 화장실로 옮겼다. 빠진 건 없는지 대충 눈으로 확인하니 중요한 건 어지간히 건져왔다. 나머진 잃어버린 셈 쳤다가 내일 돌아와 찾으면 다행이다, 마음먹었다. 물기를 대충 털어내고 배낭에 꾸리니 무게가 어마어마했다. 뭐 지고 걸을 건 아니니까.

새벽 4시, 택시가 왔다. 기사님께 비에 젖은 옷과 배낭에 대해 양해를 구하고 탔다. 주차장에서 차를 갈아타고 우리가 간 곳은 멀지 않은 곳의 온천이었다. 두어 시간 반신욕과 쪽잠으로 피로를 풀고 해장국으로 아침까지 든든하게 챙겨 먹고 나니 비가 거의 그쳤다. 장을 봐 예약해둔 휴양림에 도착했다.

후텁지근한 날씨에 짐을 꺼내 나르니 벌써 땀이 줄줄 흐른다. 그럼 어떤가, 휴양림 산막엔 에어컨이 있는 걸. 다시 씻고 시원한 실내에서 장비 씻어 말리는데 지난 새벽의 해프닝이 꿈속의 일이 아니었나 싶다.

나는 간밤의 해프닝이 너무 고통스러워서 얼마간의 시간이 흘러야 무용담이 될 수 있을 거라고 생각했을까? 놉! 비박색 안에서 몸을 비빌 때, 평상에 누워 물폭탄을 바라볼 때, 모기 때문에 학처럼 다리 꼬아가며 라면 국물에 소주 먹을 때, 장비 널어둔 화장실 거울 앞에서 함께 사진을 찍을 때, 그 장소 그 시간에 알았다. 고통의 탈색 없이 괴로움 그 자체로 즐겁고 유쾌했다. 모든 게 엉망진창이었고 우리는 누구도 상황에 대해 짜증을 내지 않았다. 퍽 매력적인 나의 친구들이여.

섬진강 자전거길 × 자전거 캠핑

가볍게 멀리,
그래서 즐거운

    인천~나하 항공권을 결제했다. 심심하면 카약닷컴, 익스피디아 같은 데 들어가서 '얼마나 하나' 살펴보긴 했는데 그렇게 몇 달을 보던 어느 날 덜컥, 그렇게 결제 버튼을 클릭하고 말았다. 아는 이 없지만, 내게는 나름대로 봄에 꽃이 피는 순간처럼 자연스러웠달까. 오키나와 나하. 그렇다. 오키나와에서 자전거에 캠핑 장비를 싣고 여행을 하기로 했다.

    자전거도 여행용 자전거로 장만하고, 여행 중에 일어날 수 있는 돌발 사태를 수습하는 방법도 배우고 자전거를 비행기에 싣기 위해 분해하고 포장했다가 조립하는 방법도 익혔다. 대략의 동선도 잡았고. 오케이. 근데 여행이라는 게 계획대로 되는 게 아니잖아. 계획대로 안 되는 게 잘못은 아니잖아. 연습이 필요했다. 자전거랑도 좀 친해질 겸.

섬진강을 가기로 했다. 훈련도 할 겸 정서진에서 을숙도까지 가볼까도 생각했지만 우리는 여행을 하려는 것이지 훈련이 목표가 아니었기 때문에 패스하기로 했다. 솔직히 말하자면 그 얼마 전에 자전거를 타고 달렸던 낙동강은 다시 달리고 싶지 않았다. 녹조와 그로 인한 냄새는 페달 굴리는 즐거움을 상쇄시켜버렸다. 혹시라도 다시 서울~부산을 자전거로 달린다면 그건 삼랑진의 마을을 돌아나가던 골목길을 다시 달리고 싶어서일 것이다. 어쨌거나.

섬진강은 길이가 비교적 짧다. 150km 남짓. 좀 타는 사람들은 하루, 아니 몇 시간이면 끝내버릴 거리지만 자전거 여행자에게는 이틀 사흘 정도 돌아볼 수 있는 거리다. 다행스럽게도 4대 강 사업을 할 때 섬진강은 건드리지 않았고 그 결과 섬진강의 풍광은 훼손되지 않았다. 가자, 섬진강으로.

사실 나는 자전거를 잘 타는 편이 아니다. 부끄럽지만, 아직 두 손 놓고 자전거를 타지 못한다. 두 손 치켜들고 타는 게 지금 당장의 꿈이고 목표다. 자전거를 두 손 놓고 타는 게 드러머가 드럼 스틱을 돌리는 것 같은, 그러니까 멋있어 보이지만 굳이 필요하진 않은 재주 같아도 실은 그렇지 않다. 핸들바를 잡지 않고도 페달을 굴릴 수 있다는 건 허리를 굽히지 않고 고개를 쳐들지 않고 손목에도 무게를 가하지 않고 자전거를 탈 수 있다는 이야기고, 음료수를 마시거나 행동식을 먹을 때 자전거를 멈추지 않아도 된다는 뜻이다. 한 손으로 물통을 꺼내거나 넣어도, 땀을 훔치고 닦아도, 트립컴퓨터를 조작해도 일행에게 수신호를 해도 자전거가 전혀 흔들리지 않는다는 얘기다. 나는 달리는 중엔 핸들바에서 손을 떼지 않는다. 물론 쉬엄쉬엄 가면 되지만 선택의 여지가 있다는 건 좋은 거니까.

더 부끄럽지만 국토 종주길을 따라 을숙도에 갈 때는 더 형편없었다. 몰랐는데, 후배가 찍은 뒷모습 사진을 보니 다리가 마름모꼴이었다. 다리가 벌어지고 어깨가 위로 솟은 모양새, 아저씨들이 동네에서 자전거를 탈 때 나오는 자세다. 꼴이 우스운 게 문제가 아니라 힘도 제대로 전달이 안 되고

그렇게 오래 타면 관절에 무리가 가는 게 문제다. 오래 타지도 못하거니와. 지금도 프로의 느낌은 없지만 그때보단 많이 좋아졌다. 느닷도 없고 뜬금도 없는 고백은 자전거 여행을 떠날 용기를 주기 위해서다. 타다 보면 는다.

강진면사무소에 차를 댔다. 다산초당 있는 강진이 아니다. '전라북도 순창군 강진면'. 인터넷에는 시외버스터미널에서 강진 가는 버스에 자전거를 실었다는 슬픈 이야기들이 떠돈다. 강진에서 강진까지 대략 150km다. 강진면사무소에 미리 전화로 주차해도 되는지 여쭈었을 때 며칠 대는 건 상

관없다고 했다. 차를 대고 자전거를 내렸다. 공기압 체크하고 브레이크 잘 잡히는지 확인하고 기어 변속도 해봤다. 하긴 산 지 얼마나 됐다고. 랙rack에 패니어pannier를 얹었다. 랙은 짐 싣는 프레임이고, 패니어는 랙에 고정시킬 수 있는 가방이다. 슈퍼마켓을 찾아 음료수와 먹을거리를 챙기고 출발했다. 이미 늦은 오후였고 우리는 몸을 푸는 정도의 라이딩을 하고 적당한 곳에 텐트를 치기로 했다.

섬진강 자전거길은 섬진강체육공원 인증센터에서 시작된다. 강진면사무소에서 자전거로 10분도 걸리지 않는다. 섬진강 시작 데미샘은 여기서 약 70km를 더 거슬러 올라가야 하지만 섬진강 자전거길은 섬진강체육공원부터 광양 배알도 수변공원까지다. 물론 데미샘부터 배알도까지 220km를 달리는 이들도 있다. 우린 초보자니까 패스.

강이란 게 산에서 시작해 바다로 흘러들기 마련이어서 섬진강 자전거길을 달리면 강 건너가 손에 잡힐 듯하고 모퉁이마다 새로운 풍경이 펼쳐지는 상류부터 강물이 도저하게 흐르며 땅을 가르고 문화를 나누는 하류까지 두루 만나게 된다.

섬진강은 시작부터 오지게 좋았다. 페달을 밟기 시작한 지 얼마 되지 않아 나온 진뫼마을. 자전거길은 마을 앞을 지나고 강 건너편으로는 야트막한 산줄기가 이어진다. 잠시 멈추면 돌돌돌 흐르는 물소리도 들린다. 이 마을이 유명한 건 섬진강 시인이라는 김용택 시인의 집이 있기 때문인데, 그 집 툇마루에는 손님들 마시라고 믹스커피와 뜨거운 물을 마련해두었다. 오래된 마루에 앉아 생각했다. 아니 할 말로 여기 앉아 저 풍경을 보고 있으면 시가 절로 나오겠다. 자전거 앞으로 이어진 길과 그 위로 펼쳐진 풍경이 아름다워 페달을 굴리다가도 뒤통수에 남겨진 풍경이 아쉬워 자꾸만 뒤를 돌아보고, 모퉁이를 돌 때면 잠시 멈추고 지나온 풍경을 한참 바라볼 때가 많았다.

첫날 밤은 섬진강 자전거도로변에 있는 어떤 캠핑장에서 잘 계획이었다. 도착한 시간은 늦은 밤중이었는데 인기척을 느낀 주인장이 나와 캠핑장 수리 때문에 운영을 하지 않는다며 양해를 구했다. 이미 텐트를 반쯤 친 상태였지만 어쩔 수 없지, 다시 짐을 꾸렸다. 그래 봐야 30분, 길어야 한 시간만 가면 다른 캠핑장이 있기 때문에 별 망설임 없이 출발했다.

아마 다음 캠핑장에 도착하기 얼마 전이었을 것이다. 자전거도로는 강을 따라 곧게 나 있었고 가로등 하나 없는 길을 우리는 자전거 전조등에 의지한 채 달렸다. 10분 정도였을까, 이미 목표점을 정한 우리는 남은 힘을 쥐어짜 전력으로 달렸다. 10월 초 남도의 밤은 자전거를 타기 더없이 좋았다. 바람을 가르는 소리를 들으며 허벅지가 기분 좋게 뻑뻑해지는 것을 느끼며 열심히 페달을 밟고 또 밟았다. 밤의 질주라 할 만한 것이었다.

캠핑장에 도착했을 때는 이미 밤이 으슥해진 뒤였다. 캠핑장은 마을 안에 있었는데 사람도 없었거니와 어디가 어딘지 알기가 어려웠다. 방금 지나온 캠핑장 앞의 정자가 떠올랐다. 비도 안 오는데 텐트를 치는 것도 번거로웠고 우리는 정자에서 자기로 했다. 정자는 3인용 텐트 넓이였다. 자전거를 대고 패니어를 풀어 매트리스와 침낭을 꺼냈다. 정자 가장자리로 잠자리를 마련하고 가운데에 스토브와 코펠을 꺼내 간단한 저녁을 준비했다. 맥주 한 캔씩으로 첫 자전거 캠핑 여행을 축하하고 허기를 채운 다음 곧바로 잠자리에 들었다.

새벽녘의 비 소식은 적중했다. 가벼운 빗줄기가 바람에 따라 이쪽에서 들이쳤다가 저쪽에서 들이쳤다. 우리는 일어나지 않았다. 깼다가 그대로 잤다. 어차피 짐도 어지간히 꾸려놨기 때문에 비에 젖을 염려는 없었고 침낭도 방수가 되는데다 비 몇 방울 피하는 것보다는 피로를 푸는 게 중요했으니까.

기분 좋은 아침 빗소리에 잠에서 깼다. 비야 오지 않는 것이 더 좋았겠지만 어차피 비는 내린다, 좋게 받아들여야 한다. 이 정도 비면 자전거 여행을 멈추고 잠시 쉬는 게 맞다. 그러니 어찌 기분이 좋지 않을까.

"비가 제법 오네, 우선해질 때까지 좀 쉽시다."

해가 떴다. 주변의 도로와 풀은 아직 흠뻑 젖어 있는데 햇살은 언제 그랬냐는 듯 약간 따가울 정도다. 저 앞으로 보이는 섬진강에는 황토물이 거세게 흐르고 있었다. 서둘러 정자 난간에 젖은 것들을 널어 말렸다. 동네 어르신들이 뒷짐을 지고 불어난 물을 보러 가시다가 정자의 사내 둘을 보시고는 "여서 잤는게비네, 비할차 오는디(여기서 잤나 보네, 비도 오는데)." 하며 지나가셨다.

자전거는 쉬엄쉬엄 나아갔다. 애써 빨리 멀리 가는 것을 나무랄 것은 아니다. 다만 우리는 두 가지 이유에서 무리하지 않았다. 언젠가 소조령을 넘어 야영을 하려고 텐트를 치는데 쭈그리고 앉아 페그를 박고 일어나면 허벅지에 쥐가 나고 머리가 어지러우면서 몸이 핑 돌았다. 망치를 쥔 손가락에 쥐가 나기도 했다. 좀 더 나갔으면 여행을 망칠 뻔했다. 두 번째 이유는 이곳이 섬진강이어서고.

중류의 섬진강을 따라 구례, 곡성의 길을 달리는 것은 마치 크루징을 하는 듯했다. 귀엽디귀여웠던 상류의 물줄기는 이제 넉넉해져 너그러웠다. 그런 강의 변화를 보고, 그런 강을 보고 사는 사람들의 표정들을 보는 즐거움이 쏠쏠했다. 동해마을 푸조나무 아래서 맞았던 가을바람은 정말 말로 표현할 길이 없어 말로 표현할 수 없다는 말로 표현할 수밖에 없다. 수령 400년이면 임진왜란 끝난 지 얼마 되지 않아 심었단 얘기다. 오메.

다만 아쉬웠던 건 바둑, 장기 두시는 어르신들과 막걸리 한잔 나누지 못했다는 거다. 언젠가 예천의 한 점방에서 약주를 드시던 어르신들이 막걸리를 권하셨는데 "죄송합니다, 차를 가지고 와서요" 따위 멍청한 대답을 하고 말았다. 길을 잃고 새로운 세계를 엿볼 수 있는 기회를 발로 차버린 셈이다. 혹, "자전거 타느라 고생이네, 와서 한 잔씩들 혀" 하시면 막걸리 몇 병 사들고 와 마을 이야기도 듣고 나무 이야기도 듣고 살아오신 이야기도 듣고 싶었는데. 다니다 보면 그런 행운을 맞이할 날도 오겠지.

걸으면서 받아들이는 풍경과 자전거를 타면서 들어오는 풍경은 다르다. 사람의 생각은 걷는 속도와 더 잘 맞는다. 하지만 한 시간에 4km를 걷는 여행과 20km를 보는 여행은 다르다. 자전거로는 도저히 갈 수 없는 길도 있지만 걷는 것보다 자전거를 타는 것이 나은 길도 있다. 속도의 효율이 아니라 길의 풍경을 말하는 거다. 샅샅이 살피는 대신 안장 위에서 유람하듯 구경하는 재미가 더 좋다는 거다, 어떤 풍경은. 게다가 걸으면서 곁눈질만 하던 곳을 자전거를 타고는 한번 가볼 수 있다. 그러다 마음에 드는 풍경이 나타나면 하룻밤 머무는 거지. 그런 맛에 자전거 캠핑을 하는 거다.

조심할 건, 장비를 싣고 자전거를 타다가도 곁눈질만 하는 곳은 생긴다. 그럴 때 모터사이클을 떠올릴 수도 있다. 하다못해 스쿠터라도 타고 있다면 저기 저 모퉁이를 돌아 저 마을을 한번 돌아볼 텐데. 그런 식으로 따지면 결국은 자동차 여행이 최고 아니냐 물을 수 있다. 아니다. 자전거는 걷는 여행의 씹는 맛과 바퀴 여행의 둘러 마시는 맛을 동시에 누릴 수 있다고 자신 있게 말할 수 있다. 여행자에게 자전거의 두 바퀴는 이카로스의 날개다.

섬진강은 자전거로 여행을 하려는 이들에게, 그것도 처음 시도하려는 이들에게 아주 좋은 코스다. 여행이란 자고로 일상에서 벗어나는 맛이 있어야 하는 법. 상류의 조그만 산촌마을과 하류의 어촌 마을이라는 공간, 2~3일이라는 시간은 일상에서 완전히 벗어난 맛과 일상으로 돌아갈 용기를 준다. 코스가 너무 어려우면 여행의 즐거움은 그만큼 덜한 법. 완만하게 이어지는 길과 적당한 거리를 두고 나타나는 마을들은 자전거 여행의 난도를 확 낮춘다. 무엇보다 때로 오밀조밀하고, 때로 탁 트인 풍경들이 자전거를 타는 내내 지루할 틈을 주지 않는다. 마음 같아서는 적어도 계절에 한 번은 섬진강을 자전거로 탐하고 싶다.

섬진강은 무사히 그리고 즐겁게 마쳤다. 그럼 다음에는 뭐다? 오키나와다. 오키오키, 오키나와.

 '빵꾸'만 때울 줄 알면 충분하다

낯선 여행지에서 자전거가 고장 나면 어떡하지? 뭘 걱정하시나, 고치면 되지. 자전거 고장의 8할은 펑크다. 펑크 때울 줄 알면 된다. 힘은 좀 들지만 생각보다 쉽다. 모르면 새 튜브로 갈면 편하다. 간혹 체인이 빠지는데 체인을 다시 끼울 때는 텐션 풀리tension pulley를 앞으로 당기면 훨씬 편하다. 뒷바퀴 제일 밑에 보이는 톱니가 텐션 풀리다. 시간 되시면, 출발 전에 동네 자전거포에서 점검 한 번 받으시고.

Go Abroad

다시 보자, 오키나와

일본 오키나와 × 자전거 캠핑

'섬진강 전지훈련'을 마친 우리는 기고만장한 상태…까지는 아니라도 자신만만했다. 자전거를 굴리면 나아간다, 캠핑은 이미 생활이다, 좀 더 먹고 자주 쉬면서 가면 탈 날 일 없다, 일본은 편의점 도시락도 예술이라더라. 10월 중순이면 아직 바다에 들어갈 수 있다더라, 아직 덥다는데 페달 좀 밟고 오면 살 좀 빠지려나.

늦은 오후의 나하공항은 엄청 습하고 엄청 더웠다. 남쪽이니 본격 가을인 우리나라보다 따뜻할 거라고 생각은 했지만 애써 여름을 견디고 맞은 가을에 다시 여름을 찾은 꼴이었다. 여행객들이 수시로 오가는 나하공항 입구 바깥에서 자전거를 조립했던 세 시간 동안 흘린 땀이 우리나라에서 세 시간 자전거 타면서 흘린 땀 정도 되었을 것이다.

자전거 조립에 세 시간이 말이 되냐고? 누군가는 자전거 타는 데 평생이 걸린다는 점을 떠올리자. 그날 자전거 조립이 처음이었다. 푸는 건 순서가 어긋나도 크게 지장이 없지만 조립은 순서가 바뀌면 난감하다. 조립하는 법을 배울 때도 세 시간 걸리진 않았다. 참고로 돌아온 후에 다시 자전거를 조립할 때는 대략 두 시간 정도 걸렸다. 지난 다음 이야기지만 오키나와에서 펑크가 한 번도 나지 않은 건 천운이었다. 아마 짐 내리고 바퀴 빼고 튜브 갈아끼우는 데도 한 시간 정도 걸렸을 것이다. 모든 처음은 마냥 어설프다. 손에 익히고 가면 금상첨화되, 처음이어도 괜찮다. 얼마나 어설펐는지는 다녀와서야 알게 되니까.

조립을 마쳤을 때 나는 정말 홀딱 젖다 못해 땀이 발효를 시작해 젖국 냄새가 날 정도였다. 그때 나는 생각했다, 이왕 버린 몸, 이 옷으로 그냥 달리자. 그럼 빨래를 줄일 수 있다! 옷을 아낄 수 있다!

비용을 아끼겠다고 와이파이 중계기를 하나만 빌린 것도 어설펐다. 둘이 함께 다니는데 굳이 두 개를 빌릴 필요가 있을까? 있다. 같은 자전거로 달려도 때로는 거리가 벌어진다. 그리고 이 사소한 실수가 갈림길에서 일어난다면 문제는 순식간에 커진다. 뒤에 오겠지, 당연히 이 길로 오겠지 등등 한 사람에게 당연한 몇 가지 가정이 다른 사람에게 당연하지 않을 수도 있다. 성인 남자 둘인데 한두 시간 길을 잃고 헤맨 것 말고 대수로운 일이야 생기지 않았지만 이런 해프닝도 잦아지면 스트레스가 된다. 다만 이 두 어설픔이 도착한 첫날

불거진 것이 좀 난처했다. 어렵게 다시 만난 곳은 헷갈릴 염려가 없는 호텔 입구였다. 그것도 캠핑장이 있는 호텔! 여행이란 원래 넘어진 김에 쉬어가는 것 아닌가. 하지만 예약하지 않고는 캠핑장을 이용할 수 없으며 호텔에는 빈 방이 없다고 했다. 진심으로 안타까워하면서 아주 공손하게 단호했다.

"바다로 가자. 바닷가에는 잘 곳이 있겠지."

가다가 '청소년 캠프' 같은 곳이 있었는데 '사용금지' 푯말이 붙어 있었다. 몰래 들어가 잠깐 자고 일찍 나올까 하다가 그냥 바다까지 가기로 했다. 중간에 잠시 쉬어서 구글 맵을 보니 직선거리로 1km, 남은 거리 대략 10km. 음, 좀 돌아

서 가나 보군. 출발. 어라, 근데 오르막이네? 허벅지가 뻑뻑해지면서 대퇴부의 통증이 항문 통증을 넘어섰다. 바닷가는 어차피 해발고도 0이다, 오르면 오른 만큼 내리막이 있으리라, 생각으로 버티기에는 좀 길었다. 끝까지 쉬운 게 없구먼, 하면서 욕을 할까 말까 하는데 자전거가 수평을 되찾았다. 이제 내리막이다.

    자정을 훌쩍 넘긴 시각에 니라이카나이 다리를 내달렸다. 나중에 속도계를 보니 시속 50km가 넘었다. 선수들은 평지에서도 쉽게 내는 속도지만 패니어를 얹은 여행용 자전거를 타는 초짜 여행자에게는 경이로운 속도였다. 오키나와에서 자전거를 달렸던 열흘 동안 가장 시원한 라이딩이었다. 모

터사이클을 처음 탄 고등학생들처럼 차 없는 도로 한복판을 질주했다. 거칠 것이 없었다. 더 갈 데가, 아니 더 물러설 데도 없이 오늘의 종착지가 눈앞이니 무엇이 두려울까. 내리막을 달려 마을을 지나자 바다가 펼쳐졌다. 잠시 앉아 태평양을 바라보며 있었다. 24시간 전 짐도 싸지 못한 채 파주에서 마감을 하고 있었는데 땀에 전 몸으로 태평양에 발을 담그고 있다니. 아, 지도에서 보면 눈앞의 바다는 필리핀해지만, 필리핀해라는 게 어차피 태평양 서부, 필리핀 제도 동쪽의 해역을 뜻하므로 우리는 그냥 태평양으로 부르기로 했다.

오키나와를 자전거로 달리면서 인상 깊었던 건 자동판매기와 편의점이었다. 첫날 길이 엇갈려 혼자 산비탈을 허위허위 올라 낯선 산동네 골목길을 헤맬 때 어둠 속에 보였던 자판기 불빛은 구원과도 같았다. 갈증을 느끼기도 전에 등장하는 자판기들 덕에 우리는 물과 음료를 많이 챙기지 않아도 되었고, 어지간한 식당들보다 맛난 도시락들이 즐비한 편의점들 덕분에 끼니 걱정도 할 필요가 없었다. 다만 여행을 마치고 정산을 해보니 우리가 자판기에 쓴 돈만 40만 원 정도였다. 그래도 덕분에 편안하게 여행을 즐기기는 했지만 한 가지 주의할 점이 있다. 덥다고 물이나 음료만 마셔대면 봉크가 올 수 있다. 봉크Bonk*가 뭔지 모른다면 인생 첫 봉크를 만날

봉크Bonk 무언가 벽에 부딪힐 때 나는 소리를 표현한 의성어로, 마라톤이나 사이클처럼 격렬한 운동을 지속하다가 급작스러운 탈진을 맞게 되는 현상을 의미한다. 'hitting the wall'이라고도 표현한다.

확률이 아주 많다.

　　운동을 하면서 쓸 수 있는 에너지는 당연히 한정되어 있고 그걸 다 쓰기 전에 채워야 하는 게 이치다. 중간중간 틈틈이 쉬어주고 쉴 때마다 수분뿐 아니라 영양도 섭취해야 한다. 요즘에는 에너지젤 같은 게 잘 나와 있으니 챙기기도 휴대하기도 먹기도 편하다. 그런 게 아니라도 탄수화물이나 바나나 같은 걸 잘 챙겨 먹으면 된다. 땀 많이 흘렸으니 목마르다고 자판기마다 물이나 설탕물만 벌컥벌컥 마셔댔으니 에너지가 남아날 리 없다. 덕분에 몇 끼를 먹는 둥 마는 둥 했고, 덕분에 기운은 더 차릴 수가 없었고, 덕분에 우리는 이틀을 캐러밴에 묵으면서 완전한 휴식을 취해야 했다. 오키나와 여행에서 터득한 가장 알짜배기 지식은 봉크다.

　　니라이카나이 다리를 질주했던 건 오키나와 여행 중 가장 신났던 순간이지만 그게 가장 감동적인 순간은 아니었다. 섬의 서쪽 나고시의 해안을 달리는데 완전한 평지였고 다만 해안선을 따라 뱀처럼 S자가 이어지는 도로였다. 당연히 오르막보다야 덜 힘들었지만 내리막처럼 날로 먹는 코스는 아니었다. 그런데 자전거가 무중력 상태의 허공을 달리는 것처럼 자유로웠다. 나는 나아가기 위해 애써 페달을 밟는 게 아니라 롱핀을 달고 바닷속으로 내려가는 프리다이버처럼 부드럽게 다리를 움직이고 있었다. 지금도 그 이유를 정확히 알 수는 없으나 그 기분은 나의 손과 허리와 엉덩이와 허벅지와 종아리와 발바닥에 고스란하다. 다녀온 후 쓴 여행기에서는 마땅히 표현할 길이 없어 '나는 고래다'고 표현했고, 지금도 그 이상 그때의 기분을 설명하지 못하겠다. 오키나와 여행이 준 최고의 선물은 설명할 길도 다시 경험할 방법도 없는, 마치 한 마리 고래가 되어 태평양을 유영하듯 달렸던 그 순간이고 그때의 그 기분이다.

오키나와를 여행하면서 놀란 건 곳곳에서 만나게 되는 군인들과 군사기지다. 군인들은 미군이고 군사기지는 대개가 공군기지다. 우리가 지난 건 가데나 공군기지와 후텐마 미 해병대 전투비행장이었다. 제2차 세계대전이 끝나면서 오키나와는 27년 동안 미국의 지배를 받기로 했다. 신탁통치가 끝난 1972년, 오키나와는 선택해야 했다. 독립할 것인가, 다시 일본으로 귀속될 것인가. 일본이라고 해봐야 1872년에 일본이 류큐왕국을 강제로 점거했으니 우리보다 30, 40년 정도 더 일본의 지배를 받았을 뿐 오키나와는 오키나와였고 일본은 일본이었다. 하지만 오키나와 사람들은 귀속을 택했고 그 결과가 지금에 이른다.

오키나와의 간략한 역사는 다녀와서야 알았다. 가기 전에는 준비하느라 공부를 미처 못했고, 다니면서는 몸도 힘들었지만 언어가 통하지 않아 공부하기가 어려웠다. 여행하면서 의아했던 것들, 이해되지 않았던 것들에 대해 이것저것 뒤

적이면서 알게 되었다. 그냥 새로운 지식을 알게 된 게 아니라 새로운 관심사 혹은 새로운 시각을 갖게 되었다는 게 정확하겠다. 그전까지 오키나와는 '여행하기 좋은 일본의 남쪽 섬'에 지나지 않았으니까.

첫 여행에서 호기심이 일었고 여행을 다녀와 새로운 걸 알게 되었다면 두 번째 여행은 아주 풍요로워진다. 다녀와서 오키나와에 대한 책을 몇 권 읽고, 영화를 보면서 오키나와에 대한 관심이 많아졌다. 자연스럽게 다시 가고 싶은 마음도 짙어졌다. 어떻게 하면 갈 수 있을까, 허가권자를 꼬시자. 그 몇 달 뒤에 아내에게 자전거를 사줬다.

아내에게 자전거 타는 법을 알려주고 함께 타면서 오키나와에 대해 이야기했다. 생텍쥐페리가 그랬던가, 배를 만들고 싶다면 사람들을 모아 배 만드는 법을 가르치지 말고 바다에 대한 동경을 키워주라고. 아파트 옆 공터에서 자전거를 타면서 가끔 아라뱃길이나 한강에 나가는 정도였지만 다 타고 음료수를 마실 때 나는 오키나와 센추리런을 이야기했다. 오키나와의 바닷가를 자전거로 신나게 달리는 거야, 한 마리 고래가 된 것처럼 말이야. 45km는 밋밋하고 167km는 아직은 무리일 수 있으니 100km를 달려보는 거야. 그리고 차로 며칠 여행을 즐기는 거지. 일단 목표를 2020년으로 잡고 해보고, 안 되면 2021년에는 가자.

2020년 대회는 안전사고 문제로 취소되었고, 2021년

대회는 2020년 11월 말 현재 공지가 없다. 심지어 홈페이지 자체가 사라져버렸다. 대회 자체가 없어진 모양이다. 오키나와는 무슨 오키나와냐, 제주도라도 한 바퀴 돌자. 물론 난 알고 있다. 자전거란 타다 보면 늘어나는 오도미터(ODO, 총 주행거리)처럼 마음에도 마일리지가 쌓이는 법이어서, 나도 모르게 오키나와행 항공권을 결제한 나를 발견하게 될 것이다. 이 또한 가을이 되면 잎이 물드는 것처럼 자연스럽겠지. 대회가 아니면 어때, 그 아름다운 섬과 바다는 그대로일 텐데.

봄의 꽃처럼 혹은 가을의 낙엽처럼, 마음에 두고 있으면 찾는 일이 생길 것이다. 그렇게 몇 번의 봄을 지내고 몇 번의 가을을 보내면 조금은 고향 같아지겠지. 아름다운 섬이 지나온 시간과 그 섬에서 살아가는 사람들이 다가오지 않을까. 그런 여행지 몇 둘 수 있다면 괜찮은 삶 아닐까.

캠핑? 대략의 방향을 정하고 자전거를 타고 가다가 지치거나 어두워지면 근처 공터에 텐트 치고 자는 거지. 때론 인적없는 바닷가이기도 했고, 풍경이 기가 막히다는 해수욕장…의 주차장이기도 했지만, 다시 오키나와를 간다면 자전거를 가져갈 거고 텐트를 싣고 갈 거고, 캠핑장 예약은 하지 않을 것 같다. 체력을 다지고 짐을 줄여 효율은 높이겠지만, 매일의 이동거리와 숙박지를 정하지는 않을 것이다. 좀 더 갈 수도, 좀 덜 갈 수도 있으니까.

'난쿠루나이사.' 일본어 같지만 오키나와 말이다. 어쩌면 오키나와 방언이라고 해야 할지 모르겠다. '어떻게든 되겠지' 정도 된다. 작디작은 섬나라, 어떻게 해볼 수 없는 자연의 힘 앞에서 스스로와 곁에 있는 이들을 달래고 일으키는 말이었을 것이다. 원래는 앞에 '마쿠투소케'라는 말이 붙는다 한다. '정직하게 성실히 하다 보면'. 작고 아름다운 섬나라에 고된 자전거 여행자 한둘 잘 곳은 곳곳에 많았다. 스트레스도 있고 고되기도 하지만 박지는 어떻게든 찾아지고 여행은 어떻게든 이어진다. 다만 좀더 스며들고 싶은데 그러질 못하는 게 아쉬울 뿐. 방법이 없다, 자주 가는 수밖에.

 오키나와를 이해할 수 있는 영화와 책

그리 많진 않다. 여행 정보만을 소개한 책을 제외하면 다음의 책과 영화들이 도움이 되었다.
1. 책 《오키나와 이야기 - 일본이면서 일본이 아닌》 아라사키 모리테루 지음 (2016, 역사비평사)
2. 책 《오키나와 노트 - 오에 겐자부로의 평화 공감 르포》 오에 겐자부로 지음 (2012, 삼천리)
3. 책 《철의 폭풍 - 제국의 버림받은 섬, 오키나와 83일의 기록》 오키나와타임스 엮음 (2020, 산처럼)
4. 영화 <핵소 고지> 멜 깁슨 감독 (2016)
5. 드라마 <퍼시픽> 제9화 오키나와 전투 (2010, HBO)

통영 연화도 & 삼척 장호항 × 카약 캠핑

짐 싸들고 무인도,
언젠가

언젠가 옆집과 맥주 한잔 나눈 적이 있다. 아이들끼리 친했고, 나이와 취향이 얼추 비슷해 쉽게 친해졌다. 부부 모임의 이야기는 많은 경우 한편이 얼마나 한심한가, 로 흐르기 십상이다. 물론 그 '한편'은 거의 남편이다. 우리라고 달랐겠는가.

"건담 만든다고 허구한 날 앉아 있지, 자전거 있으면서 인터넷으로 딴 자전거 구경하지, 보면 속이 터져요."

"카약을 탄대요, 글쎄."

남자들끼리 이야기를 나누면 '누가 더 한심한가' 자랑이 되어 가는데, 여자들의 대화는 교감과 위로로 결론난다. 그날도 여자들은 위로를 나누었고 남자들은 부러워하는 시선을 교환했다. 그 얼마 전 술자리에서는 모터사이클 이야기도 나왔던가. 뭔가 사소한 한심함이 불쑥 등장했을 때 당황하지 않고 "어느 날 오토바이를 타고 왔더라고요"로 가볍게 진압했었지. 모터사이클의 '힘'이 위험에서 나온다면 카약의 '힘'은 생뚱맞음이다. 카약 이야기가 나오면 열에 아홉은 생각한다. '그게 뭐였더라?' 그리고 묻는다. "뭐, 카약? 그게 뭔데?"

완전히 몰라서 묻는 건 아니다. 올림픽에서도 봤고 영화에서도 봐서 대충은 안다. 영화에서 인디언들이 백인들에게 쫓길 때 타던 그 배, 근데 그거 카누다. 올림픽에서 여러 명이 일사불란, 한 치의 어지러움 없이 노를 저어 앞으로 쭉쭉 뻗어나가던 거, 근데 그거 조정이다. 자세한 구분은 저 뒤에 하기로 하고, 어쨌거나.

카약은 타지만, 카약 타러 가서 캠핑도 하지만, 카약을 타고 떠나는 캠핑은, 고백하건대, 아직은 로망이다. 이루지 못했다는 뜻이다. 카약에 캠핑 장비를 싣고 어느 포구에서 출발해 열심히 노를 저어 물살을 헤치고 파도를 넘어 어떤 섬의 해안에 도착해 해넘이를 보며 하루를 마무리하고, 이튿날 아침 일찍 다시 배를 타고 다음 섬으로 떠나는 거지. 다도해해상국립공원의 숱한 크고 작은 섬들을 훑으면서 살피는 여행. 하지만 아직 떠나지 못했다. 오디세이라 할 수 있을 이 여행은 떠날 수 있을까.

경상남도 통영에서 우리는 배를 타고 연화도를 향했다. 카약 말고 페리호. 배에는 차가 실려 있었고, 차에는 카약이 얹혀 있었다. 통영에서 연대도와 내부지도, 외부지도를 거쳐 연화도까지 카약을 타고 오는 것도 생각했지만 날씨도 맞지 않았고 나를 비롯해 초보자들도 많아 플랜B를 골랐다. 첫 배를 타고 연화도에 들어가 자리를 잡고 카약으로 욕지도를 다녀오기로 했다. 배에서 차를 내려 연화봉 언저리를 지나 섬의 동쪽 끝 동두항 근처에 자리를 잡았다.

바다에서 카약을 타는 건 이번이 세 번째였다. 동해의 고성과 서해의 부안에서는 해안에서 저만치 떨어진 섬에 다녀왔다. 말하자면 민물과는 다른 바다의 움직임에 적응하는 과정이었다. 이번에는 4km 떨어진 섬이다. 본격 카약 투어 전에 캠핑과 패들링을 분리해 부담을 덜었다. 카약에는 패들링을 위한 장비와 간단한 행동식 그리고 해변에서 끓여먹을 라면만 챙겼다. 캠핑 장비는 일단 차에 두고 패들링을 준비했다. 캠핑은 뭐 늘 하던 거라 패들링 다녀와서 뚝딱 준비하면 되니까.

"우도 쪽으로 나가면 파도가 세요. 조금 돌더라도 오른쪽으로 돌아서 가는 게 나을 거요."

나의 카약 멘토 서희만 대표님은 포구에서 그물을 매만지던 아저씨에게 물길 정보를 여쭈었다. 물론 일정을 잡을 때 수치조차도를 살펴 조류의 방향과 세기를 봤지만 현지의 정보는 그 자체로 중요하다. 우도는 연화도 북쪽에 있는 작은 섬이다. 거리상으로는 연화도와 우도 사이를 지나 욕지도로 가는 게 가깝다. 연화도를 남쪽으로 돌면 조금 에돌아가는 셈이다. 우도 쪽은 물살의 방향과 세기가 모두 '적군'이니 돌아도 편하게 가라는 충고다. 대신 올 때는 우도 쪽으로 바람을 등에 지고 오기로 했다.

4km. 걸어서 한 시간이면 가는 거리다. 패들링을 하면 평속이 시속 6km 안팎이니 한시간도 채 걸리지 않는다. 그러나 길은 뭍이 아니라 물이다. 물은 끊임없이 흘러 직선으로 나아가는 것이 불가능하다, 적어도 나에게는.

카약을 물가에 대고 콕핏cockpit에 엉덩이를 들이밀어 자세를 잡으면 배가 좌우로 흔들거린다. 롤링, 뭍의 세계에서 물의 세계로 들어가는 순간이다. 걷든 자전거를 타든, 땅은 움직이지도 흔들리지도 않는다. 평평하지 않으면 발이 비틀리고 자전거가 휘청일 뿐 땅은 상수의 세계다. 물은 변수다. 나는 가만히 있는데 이 세계는 끝없이 움직인다. 파도가 거의 없이 잔잔한 바다를 '장판'이라 하는데, 장판조차도 끊임없이 움직이고 흔들린다. 다른 세계에 들어온 첫 번째 감정은 두려움이다. 방법은 두 가지다. 익숙한 세계에 있거나 새로운 세계에 적응하거나. 거창하게 말했지만 물의 세계에 적응하는 방법은 한 가지다. 패들링을 해 앞으로 나아가는 것. 노를 젓는 자, 빠지지 않을 것이다.

나아가면서도 배는 계속 흔들릴 것이다. 흔들림에 대처하는 우리의 자세는 흔들림이어야 한다. 흔들리는 세상에서 흔들리지 않으려고 안간힘을 쓰다간 물에 빠지기 십상이다. 얼음판에서는 안 미끄러지려고 아등바등대기보다 슥슥 미끄러져 나가는 것이 현명한 법이다. 다만 머리부터 배꼽 사이 어디쯤 있는 중심만 무너지지 않으면 된다.

우리는 숲을 헤치듯 물을 가르며 앞으로 나아갔다. 자전거 페달을 쉬지 않고 굴리면 속도가 복리로 쌓이듯, 양날노를 박자에 맞추어 저으면 파도 없는 바다에서도 바람이 느껴졌다. 동해와 서해의 바다를 이미 경험했지만 체험이나 적응의 의미가 아닌 투어 성격의 카야킹은 처음이라 다들 들떴다. RPM을 높여 신나게 앞으로 질주하기도 하고 때론 바다 한복

판에 모여 배를 나란히 대고 패들로 고정시켜 휴식을 취하기도 했다. 어느새 저 앞이 욕지도 통단해변이다.

돌아오는 길은 파도가 제법 있었다. 심하게 흔들리는 세상에서 물에 빠지지 않는 방법은 뭐라고? 돌아올 땐 배를 바꾸어 2인승 카약을 탔다. 함께 탄 후배에게 잠시 호흡을 골랐다가 파도가 없는 곳까지 전력질주를 해보자고 했다. 최고 속도를 찍어보자는 거지. 그럴 땐 '하나 둘 하나 둘'로 구령을 붙이지 않는다. '하! 덜! 하! 덜!' 갈 때 평균 시속이 4.2km였는데 귀로의 최고 속도는 시속 9.7km였다. '시속 10도 안 되네?' 할 수도 있지만 차에서 느끼는 시속 10km와 카약에서 느끼는 시속 10km는 하늘과 땅 차이다.

그날 저녁, 함께 카약을 탄 6명은 도축장에서 끊어온 돼지고기 5kg을 깨끗하게 처리했다.

◇

카약은 혼자 타면 안 된다. 안전을 위해 최소한 두 명 이상 타야 한다. 게다가 나는 초보자니까. 말했듯, 나의 카약 멘토는 서희만 대표님이다. 미국카누협회 ACA 인스트럭터 자격증도 있고 에디라인 카약을 수입하신다. 워낙에 '짠물'을 좋아하셔서 바다에서 하는 어지간한 건 다 하신다. 생각보다 카약 시장이 크지 않아 '마르'라는 서핑보드 브랜드를 만드셨다. 좋아하고 존경하지만 인스트럭터의 위엄을 느낄 기회는

통 없었다. 그럴 기회가 없었던 것 자체가 투어를 원활하게 리딩했다는 방증이기도 하지만.

어느 이른 봄, 아직 바닷물이 찰 때 동해로 가벼운 카야킹을 나섰다. 삼척 장호항, 물 맑고 경치 아름답기로 유명한 장호항에서 카약을 타고 놀다가 해변을 벗어나 돌섬 돌아 남쪽으로 내려갔다가 돌아오기로 했다. 해변에서 놀 때 롤링 연습한답시고 빠져도 보고 해서 적응이 되었다고 생각해 조금 먼바다로 나갔는데, 웬걸, 파도가 너울로 바뀌었다. 서핑하긴 좋겠으나 초짜 카야커는 온몸이 바짝 얼었다. 힘을 빼고 유연하게 낭창거려야 중심을 잃지 않는 건 모든 운동이 마찬가지. 휘청하는 순간 '아, 빠졌네' 싶어 크게 숨을 들이쉬고 사태를 받아들였다. 바깥에서는 안 보였겠지만, 당황하지 않았다. 진짜다.

연습했던 대로, 스프레이스커트spray skirt* 손잡이를 잡아당겨 배에서 빠져나오니 구명조끼 덕에 몸이 물 위로 불쑥 솟아올랐다. 아, 몸이 아니라 고개구나. 구명조끼는 '숨은 쉬게 해드릴게' 정도만 허락한다. 발끝은 허공 같은 바닷속을 휘젓고 있었고 나를 태웠던 배는 파도에 밀려 내 어깨를 치

---

*스프레이스커트sprayskirt 콕핏에 물이 들어오지 않도록 방수 커버를 다는데, 그것이 스프레이스커트다. 배가 뒤집혀도 물이 들어오지 않는다.
**뒤집힌 배 배가 뒤집히면 어떡하지? 초보자는 스프레이스커트를 벗기고 탈출해서 배를 다시 뒤집고 배에 올라타서 물을 펌프로 빼낸 다음 스프레이스커트를 다시 씌우고 출발한다. 아주 간단해서 힘이나 기술이 전혀 필요하지 않다. 이것 하나만 기억하면 안전사고의 99%는 막고 안전하고 재미있게 카약을 즐길 수 있다. 숙련자는 배에 탄 채로 배를 다시 뒤집는다. 롤roll 기술인데, 에스키모 롤Eskimo roll 혹은 그린란드 롤Greenland roll이라고 한다. 이걸 처음 보는데 덩크슛 보는 것처럼 신기하고 멋있었다. 영상 찾아보면 몇 회전이고 연속으로 하기도 한다. 공중 3회전처럼 강렬하고 우아하고 아름답다. 아주 지당하게도, 나는 못 한다. 단 1회전도.

고 얼굴을 치고 난리가 났다. 하지만 나는 여전히 당황하지 않았다. 서희만 대표님이 오셨고, 내 카약을 본인의 카약에 얹어 물을 빼내셨다. 언젠가 수영장에서 연습했던 것처럼 패들을 배와 수직으로 놓고 한 발을 걸친 후 다른 발은 배에 넣고 몸을 배에 올린 후 패들의 발을 마저 넣고 몸을 돌려 세웠다. 휴. 여전히 당황하지 않은 나는 다시 스프레이스커트를 채우고 해변을 향해 패들질을 하기 시작했다. 방향을 트는데 배가 다시 너울 꼭대기에 얹혔다. 기우뚱.

'아, 씨발, 또 빠졌네.'

뒤집힌 배**에서 탈출해 배에 오르면 내 몸의 힘이 반 정도 빠져나간다. 또 빠졌으니 다시 올라타면 에너지가 제로다. 아마 멘탈도 레드 존 어디쯤이었을 거다. 한 번도 서두르거나 허둥댄 적 없는 이 양반은 그럼에도 여전했다.

"괜찮아요?"

"네, 괜찮습니다." 괜찮기는 개뿔, 나도 두 번 연속 침병은 처음이라 말이 반사적으로 나왔다. 때로 진실은 말보다 표정에 드러날 것이다. 대답과 다르게 내 눈동자는 갈 곳을 잃었다. 내 모든 신경은 저 멀리서 나를 향해 오는 너울에만 꽂혀 있었다.

여유로운 웃음기는 사라졌지만 여전히 한 치의 서두름이나 당황함조차 없는 표정으로 마스터는 다시 물었다.

"아니, 아니, 내 눈을 보고."

그때 알았다. 나는 무사하겠구나. 짠물을 좀 마실 수는 있겠지만 무사히 저 해변에 갈 것이고, 저녁에 이 이야기를 하면서 술을 마시겠구나. 나는 내가 괜찮지 않다는 걸 알았고 곧 괜찮아질 거란 것도 알았다. 그의 눈빛은 여전히 흔들리지 않고 차분했다.

"조금만 쉴게요."

"그래 그래. 내가 배 잡고 있을 테니까 괜찮아질 때까지 쉬시고, 괜찮아지면 말씀하서."

1분 남짓 흔들리지만 불안하지 않은 배에서 심호흡으로 숨을 가라앉혔다. 제법 괜찮아졌다. 배의 방향을 해변으로 돌렸다. 해변엔 먼저 도착한 일행 두 명이 걱정스러운 눈빛으로 나를 보고 있었다.

"자, 이제 내가 하나 둘 셋 하면 해변까지 전력으로 가는 거예요. 오케이?"

불과 30초 남짓, 기가 막힌 패들링이었다. 마스터는 너울과 타이밍을 맞춰 내 배를 힘껏 밀며 출발시켰고, 나는 진짜 말 그대로 노를 '존나게' 저었다. 잠깐 서핑처럼 파도에 얹혀서 붕 나는 기분도 느꼈던 것 같다. 어쨌든 쌔빠지게 패들링을 해서 달려온 그 속도로 해변에 배를 꽂고서는 몸만 빠져 나와 그대로 자빠졌다. 마스터는 그 모습까지 확인한 후 배를 돌려 장호항으로 가 차를 끌고 오시었다.

"잠깐 고민을 했어요. 배 두 대, 사람 두 명이잖아요. 승범 씨를 배에 매달고 해변에 데려다주는 게 제일 확실한데 그러자니 배가 유실될 것 같고. 한 번만 더 출발시키고 세 번째 빠지면 배를 포기했겠죠."

주물팬에 양갈비 지글거릴 때 "바닷물은 한 번 먹을 때 확실하게 먹어야 한다"는 말씀과 함께 하신 말씀이시다. 마스터는 마스터다.

카약이 낯설어?

하나씩 간단하게 정리하고 넘어가자.

1 **카약과 카누** 이 둘은 초승달과 그믐달처럼 헷갈리기 쉬운데, 간단하다. 구멍이 있으면 카약, 없으면 카누다. 카약은 사람 앉을 자리만 구멍을 뚫었다. 카약은 춥디추운 극지방에서 출발했고 카누는 인디언들이 많이 탔다. 카약은 추위를 피하는 방법으로 안정성보다 속도를 택했고 좁은 선체에 덮개를 만들고 노 양 끝에 날을 달았다. 카누는 속도보다 안정성이어서 배도 널찍하고 외날노를 쓴다. 카약도 탠덤tandem(2인승)이 있지만 앞뒤로 탄다. 좁아서 나란히는 못 탄다.
2 **조정과 카약** 조정은 결정적으로 다른 게 있다. 카약, 카누는 앞으로 가지만 조정은 뒤로 간다. 그게 무슨 의미가 있냐 싶겠지만, 본질적인 차이다. 카약과 카누는 양날노든 외날노든 고정 지지대 없이 그냥 젓는다. 조정은 노가 배에 고정되어 있다. 덕분에 상체뿐 아니라 하체 힘까지 이용할 수 있고 다리의 미는 힘을 최대한 활용하기 위해 상체는 당기는 힘을 이용한다. 그래서 배가 뒤로 간다. 방향의 차이는 곧 원리의 차이다. 조정은 로잉rowing이고 카약이나 카누는 패들링paddling이다. 영화 <십계>에서 쇠사슬에 묶인 모세가 노예선에서 한 노질이 로잉이다.

평창 & 나키진 × 트레일러 캠핑

창밖에 눈보라가
몰아친다 해도

눈이 참 탐스럽게 내리고 있었다. 하늘은 유독 까맸고 저 멀리로 도시의 자잘한 불빛들이 자글거렸다. 눈은 천천히 그리고 바람에 이리저리 흔들리면서 하늘에서 내려왔다, 마치 춤을 추듯 우아하게, 슬로모션처럼 천천히.

눈 내리는 풍경이 아름다운 건 눈이 아름다워서도 주변 풍경이 아름다워서도 아니다. 그저 내가 캠핑 트레일러 안에서 밖을 내다보고 있기 때문이다. 숱한 겨울밤을 텐트에서 보냈는데 그 밤들을 한 마디로 압축하면 '한기'다. 추위가 아니라 한기. 텐트 스커트를 눈에 파묻고 최소한의 환기구를 빼곤

밀봉을 했고 매트리스를 깔았고 침낭을 덮었고 물통에 뜨거운 물도 담았고 조일 수 있는 스트링은 죄다 조였지만, 꽁꽁 얼어붙은 대지 깊숙한 곳에서 올라오는 한기는 도저히 어찌할 수가 없었다. 그건 그냥 견뎌야 하는 절대적인 어떤 것이었다.

남국의 잎 넓은 가로수들이 이국적인 풍경을 자랑하고 있었다. 그 너머로 보이는 바다는 또 어떤가. 연한 하늘색부터 보라에 가까운 파랑까지, 파랑의 다양한 스펙트럼이 넘실거렸다. 칼 세이건은 '창백한 푸른 점'이라 했지만 나라면 '우아한 푸른 보석'이라 했을 거야.

여행지의 풍경이 보석처럼 보인 건 그곳이 오키나와여서도 내 감성이 풍부해서도 아니다. 내가 에어컨 빵빵하게 돌아가고 있는 트레일러 안에서 네모난 창으로 보는 풍경이기 때문이다. 앞서 말한 오키나와 자전거 캠핑 이야기다. 우리나라에 찬바람 불기 시작할 무렵에도 여전히 해수욕을 할 수 있는 남쪽의 나라는 자전거를 타기에는 조금 더웠다. 애써 긍정적으로 보자면 한여름에 가지 않은 것이 천만다행이라 할 정도로. 자전거를 탈 때는 헬멧을 써야 하는데 헬멧에는 충격으로부터 머리를 보호하기 위해 딱딱한 스티로폼이 있고 착용감을 좋게 하고 땀을 흡수하기 위해 보드라운 땀받이가 있다. 페달을 열심히 굴리다가 전방을 확인하기 위해 고개를 들지 않고 눈만 위로 치켜뜨면 밀려올라간 두피가 땀받이를 쥐어짜는지 뜨끈한 땀이 예닐곱 줄기로 흘러내렸다. 머리에도 살이 찐 모양이다.

트레일러는, 말하자면, 캠핑의 치트키다. 차를 세우면 집이 생기니 텐트를 치지 않아도 된다. 텐트 한 쪽에 폴을 고정하고 반대쪽으로 움직이다 잘못 건드리면 고정해둔 폴이 빠지는 시트콤 안 찍어도 된다. 언 땅에 페그 박았다가 철수할 때 30분 동안 씨름을 해도 결국 빼지 못해 더 깊이 때려 박고 올 일도 없다. 비 맞으면서 텐트를 치거나 걷을 필요도 없고, 결로로 천장에 맺힌 물방울이 뭉치고 뭉쳐 한밤중에 내 코에 떨어질 일도 없다. 이런 장점은 차라리 사소하다. 네모 창 밖으로 보이는 풍경이 참으로 아름답다. 캠핑의 질이 달라진다. 결정적으로 똥을 쾌적하게 쌀 수 있다. 캠핑하지 않는 자는 모른다, 내가 똥 눌 장소와 시간을 내가 정한다는 게 얼마나 인간을 존엄하게 하는지.

평창의 트레일러에는 한웅 형과 함께였다. 이때도 게스트가 있었는데 삼동이도 왔고 글 쓰는 모임에서 만난 준용 형과 영화감독 철수도 함께였다. 철수는 당시 〈김복남 살인사건의 전말〉이 좋은 평을 받아 좀 바쁠 때였다. 때는 1월, 한웅 형은 이미 중도와 살둔에서 혹한을 경험했기 때문에 이번에는 트레일러 캠핑을 해보자고 했다. 오케이, 어차피 겨울 침낭도 두 개밖에 없는데 고민할 여지도 없었다. 겨울 바다도

볼 겸 평창 쪽으로 잡았다. 트레일러들이 약간 높은 언덕에 있어 가깝게는 도시의 불빛이 내려다보인다 했고, 멀리로는 밤바다의 오징어잡이배 조명이 보인다 했다. 설악산에 오르지 않고도 어화漁火를 볼 수 있다니. 실제로 가서 보니 오르막이 좀 가팔라서 아반떼로는 어림없었다.

그날의 메뉴는 육전이었다. 그 얼마 전에 한 예능프로그램에서 출연자들이 육전을 먹는 장면이 나왔는데 한웅 형이 그걸 보고 소주가 그렇게 당겼다고. 육전은 호남 그것도 광주 지역의 음식이었다. 전주가 집인 나도 처음 알았다. 고기를, 그것도 소고기를, 달걀물 입혀 기름에 지진다는데 마다할 수 없었다. 소고기는 작업실 근처 정육점에서 준비했다. 육전을 할 거라고 하니 소고기를 알아서 잘 '재단'해 주셨다. 큰 쟁반에 밀가루를 펴 고기에 고루 묻히고 대접에 마련한 계란물을 입혀 달궈진 팬에 얹으면 요란한 소리와 함께 고소함이 허공으로 퍼져나갔다. 이거, 텐트였다면 상상이나 할 수 있었을까? 요즘처럼 커다란 텐트도 많고 장박을 위해 거의 살림을 차려둔 경우라면 모르겠지만 그땐 1, 2인용 텐트뿐이었고 난로도 없었다. 따뜻한 트레일러에서 소줏잔을 기울이다가 간혹 담배를 태우러 나와 바라본 하늘은 참 아름다웠다. 바람도 참 시원했지.

오키나와에서 붕크를 겪고 나서 쉬엄쉬엄 다니며 몸을 추슬렀다. 그러다가 섬의 동쪽에서 서쪽으로 넘어와 해안선을 따라 자전거를 달렸다. 컨디션이 완전하진 않았지만 끼니도 거르지 않고 간식도 좀 신경을 썼더니 그럭저럭 견딜 만했다. 피곤했지만, 자전거로 여행하는 자의 기본이라 할 것이었다. 언제였던가, 나키진의 어느 해변도로에서 사진기자로 함께 간 해진이 트레일러 이야기를 했다.

"좀 더 가면 기가 막힌 바닷가에 트레일러 캠핑장이 있어요. 거기서 좀 쉴까요?"

오후만 되면 '오늘은 또 어디서 자게 될까'를 고민하던 나날이었기에 귀가 솔깃했다. 게다가 편하고 안전하게 씻을 수도 있지 않나. 편하다는 건 수도꼭지를 찾아 헤매지 않아도 된다는 뜻이고 안전하다는 건 코펠 바가지 삼아 후다닥 샤워하는 몇 분 동안 차가 지나가지는 않을까 조마조마하지 않아도 된다는 뜻이다. 동네 공원이나 바닷가 주차장의 수돗가는 좀 불안불안했거든. 물론 보는 사람이 더 손해였겠지만. 심지어 유명한 해수욕장의 주차장 수돗가는 상점에서 수도꼭지를 빼놓아서 작은 멍키스패너로 꼭지를 트느라 고생을 좀 했다. 편하게 씻고 자는 건 둘째쳐도 에어컨 바람 쐴 생각에 헤벌쭉 웃고 나니 어느새 2박이 결제되었다. 숙박비는 비쌌지만 그간 치른 고생을 위로하고 피곤함을 날려 남은 여행 즐거워진다면 아깝지 않았다. 자전거 수하물 오버차지도 안 되는 비용인데 뭐.

들어가자마자부터 마지막 나오는 순간까지 에어컨의 은혜로움을 만끽했다. 이틀 뒤 자전거 뒤집어 체인에 오일 바르고 다시 뒤집어 렉에 패니어 달아 출발 준비를 마친 뒤 우리는 다시 트레일러에서 세수를 하고 찬바람을 쐬고 냉동실에 넣어두었던 기능성 수건을 꺼내어 목에 둘렀다. 캠핑장을 채 벗어나기도 전에 땀방울이 흘러내렸지만. 어쨌거나 덕분인지, 여행을 마칠 때까지 봉크는 물론 별다른 피로감 없이 자전거 여행을 마쳤다. 어쩌면 캠핑장 뒤로 있는 아담한 바다를 다른 사람들 없이 둘이 전세 내어 맥주 홀짝거리며 놀았기 때문일 수도 있겠다. 아니면 사우나에서 피로를 풀고 남이 차려준 고기 밥상의 공일지도. 잠시였지만 "자전거는 무슨, 트레일러가 최고지!"를 외치며 여행 중의 휴식을 즐겼다. 트레일러란 무엇인가, 눈썹만 움직여도 땀이 나는 여행에서도 사우나를 하게 만드는 게 트레일러다.

트레일러가 핫하긴 핫하다. 요즘 TV 여행 예능의 키워드는 캠핑이다. 예전처럼 텐트 치고 캠핑하는 경우는 거의 없다. 기존의 캠핑카를 이용하거나 목적에 맞게 개조를 하고 때에 따라서는 〈바퀴 달린 집〉처럼 아예 제작을 하기도 한다. 뭐가 됐든 이런저런 시도는 좋다. 캠핑의 갈래가 다양해지니까, 그래야 캠핑 문화도 꽃을 피울 테니까. 누누이 얘기하지만 TV에서 연예인들이 트레일러로 캠핑한다고 다 그걸 따라갈 필요는 없단 얘기다.

트레일러 캠핑의 맛을 아는 이들은 말한다. "화장실 내 마음대로 쓸 수 있고 샤워할 수 있는 게 어디야." 그치, 맞는 말이네. 현실론자가 반론한다. "야, 그거 비울 생각을 해 봐." 그것도 그러네. 캠핑 예능의 문을 화려하게 연 천하의 핑클도 오폐수를 버려야 씻든 싸든 할 수 있다. 캠핑이 그렇듯 트레일러 캠핑 또한 일장일단이 있다. 선택은 각자의 몫이고.

성은이라 할 정도로 트레일러의 은혜를 입었지만 아직은 트레일러 캠핑에 대한 욕망이 없다. 정확하게 말하자면, 트레일러를 소유하고 그 트레일러를 이용해 나의 캠핑 여행을 떠나고 싶은 마음이 없다. 트레일러용 특수면허까지 땄지만 아직은 지를 마음이 없다. 위에서 말한 번거로움은 차라리 사소하다. 어차피 번거롭자고, 안 해도 되는 일 굳이 하겠다고 나서는 게 캠핑 아닌가. 누리는 호사에 비해 들여야 하는 품은 얼마 되지 않는다. 하다 보면 익숙해진다. 게다가 서비스도 있다. 캠핑용 트레일러의 정화조를 비워주는 업체도 있다. 필요가 있으면 서비스는 생긴다. 그보다는 평상시 주차와 관리, 운행할 때의 낯섦과 어려움 등이 번거롭거나 까다로울 수 있다.

하지만 이건 본질적인 이유가 아니다. 트레일러 캠핑이 그리우면 트레일러 캠핑장을 며칠 이용하면 되니까. 그러다 익숙해지고 자주 그리워지면 그땐 어떻게 될지 모르지. 캠핑을 처음 시작하는 이들에게 주변에서 장비를 빌리거나 장비들이 갖춰진 글램핑장에서 캠핑을 즐겨보고 적성에 맞으면 필요한 장비부터 하나씩 사라고 권하는데, 내겐 트레일러도 마찬가지다.

결정적으로 나는 춥든 덥든 자연의 그 '날것다움'을 만끽하고 싶어서 캠핑을 한다. 몇 해 전 그해의 마지막 날, 마음이 답답해 차에 실려 있던 장비들만 믿고 영종도 바닷가를 찾은 적이 있다. 공터를 찾아 주변 조개구이집에 캠핑을 해도 되는지 여쭈었더니 얼어 죽을 거라며 꼭 해야겠다면 테이블 치워줄 테니 안에서 하라시더라. 사양하고 조금 떨어진 솔밭에 텐트를 쳤는데 밤새도록 기나긴 바닷가에서 얼음 조각들이 차디찬 된바람에 서로 부딪치며 써그럭써그럭 했다. 새벽녘에 그 앞에 서서 바라보던 그 풍경을 잊을 수 없다. 언젠가 세상의 끝이라는 파타고니아에 가고 싶지만 지금도 간혹 뭔가 끝에 선 막막한 느낌이 들면 그 밤을 생각한다.

뭐 말하자면, 집에서 편하게 택배로 받아 먹는 회도 맛있지만 배 위에서 잡아 바로 떠 먹는 회의 맛을 잊지 못한달까. 아주 잘 아셨겠다시피, 배달 온 회라고 거부하지 않는다. 둘 중에 선택할 기회가 있다면 후자를 고르겠단 말씀.

트레일러와 함께 요즘 캠핑의 트렌드라 할 차박에는 관심이 좀 있다. 캠핑 트레일러가 텔레비전을 장악했다면 캠핑장은 차박이 대세다. 텐트 칠 필요 없고 전기 쉽게 사용할 수 있고. 말하자면 트레일러 캠핑의 번거로움은 좀 덜고 편리함은 약간 취하는 형태다. 실제 캠핑장에 가면 트레일러 캠핑보다, 일반 캠핑보다 차박하는 사람이 더 많다는 느낌이 들 정도다. 차박은 말 그대로 차에서 자는 거다. 생활은 밖에 어닝이나 타프를 쳐서 공간을 확보하고, 잠은 텐트가 아니라 차에서 잔다.

인기가 많은 만큼 탈도 많다. 주차 공간과 캠핑 공간이 나란히 있는 캠핑장에서 캠핑 공간에 타프를 치고 잘 때 차에서 자면 그야말로 아주 모범적인 차박이다. 캠핑장 이용료를 아끼겠다고 길가에 평행주차를 하고 뒷공간을 이용하거나 주차장에 차를 대고 옆 칸까지 사용하는 이들이 많다. 아주 많다. 제발 그러지 말자. 볼 때마다 내 얼굴이 화끈거려 미치겠다.

소백산 둘레길을 걸으러 갔을 때 새벽부터 걸을 생각으로 밤에 출발해 자정 너머 도착했는데 잘 공간이 애매해 둘레길 들머리 근처 주차장에 차를 대고 뒷자리를 접고 좁으면 좁은 대로 대각선으로 자리를 잡고 잤다. 차박이 이런 거라면 유용하겠다, 싶었다. 내가 하고 싶은 차박은 캠핑 트레일러의 마이크로 버전이 아니라, 백패킹 스타일의 캠핑에 텐트만 차로 바꾼 개념이다. 차는 이동식 하드셸 텐트인 셈이다. 그러니 무시동 히터도 없을 것이고 냉장고나 전기 제품을 사용하기 위한 배터리나 발전 장치도 없을 것이다. 백패킹보다 럭셔리한 게 있다면 아이스박스나 야전침대 같은 옵션 정도로 한정할 생각이다. 혹, 장박을 한다면 전기 장치 정도는 설치할 수도 있겠다. 한 곳에 오래 머무는 장박 말고, 하나의 주제로 많은 장소를 이동하는 장박. 천문대들을 돌면서 별과 은하수를 본다든지, 재두루미를 보러 전국의 철새도래지들 돈다든지, 야생화 군락지들을 전전한다든지. 그러자면 노트북 정도는 써야 할 테니까. 이건 내가 찾은 나를 위한 차박의 방법이다. 캠퍼마다 자신의 여행 혹은 캠핑 스타일을 생각해보고 가장 맞는 방법을 찾으면 된다.

트레일러든 자동차든, 캠핑이라는 요리의 중요한 재료다. 어떤 음식, 어떤 요리를 먹고 싶은지는 스스로에게 묻자. 유명 셰프가 만든 예쁜 요리라도 내 입에 안 맞고 내가 할 수 없으면, 아이고 의미 없다. 지킬 것은 지키면서, 오케이?

비박 같은 차박

비박을 하면 몸이 좀 피곤하긴 하다. 자도 잔 것 같지 않아 비박인가, 싶었던 적도 있었다. 비박bivouac은 발음 같지 않게 프랑스어다. 등산하다가 예상치 못한 사태가 일어났을 때 한데서 밤을 지새우는 것, 등산상식사전에 나오는 비박의 뜻이다. 요즘에는 텐트를 치지 않고 바깥에 매트리스 깔고 자는 것도 비박이라고 한다. 상황이라는 이유는 제거하고 형태라는 결과만 즐기는 셈이다. 비박을 즐기는 이유는 텐트라는 레이어를 한꺼풀 걷어내면 자연을 밤새 오감으로 느낄 수 있기 때문이다. 편안하고 안락하기 때문이 아니라. 물론 덕분에 캠핑 문화가 다양하고 풍성해졌다.

차박도 비슷하지 않을까. 차로 이동 중에 자야 하는 상황에서 시작되지 않았을까. 어차피 잘 거라면 편안하게, 안락하게, 그리고 재미있게. 이것이 요즘의 차박이다. 자동차가 결국은 엑셀러레이터와 브레이크 두 페달의 조합으로 움직이는 것처럼 캠핑은 자연과 문명 혹은 불편함과 편리함의 조합으로 결정된다. 캠핑에서 자연 쪽으로 옮겨간 게 비박이라면 차박은 편리함을 위해 반대쪽으로 이동한 결과다. 편리와 편의를 살짝 얹은 거지, 살짝. 어쩌다 이게 과도해지면 차박은 하는 사람에게 번거롭고 보는 사람에게 민폐다.

나가며

단풍의 속도로

주전골에서 사려니숲길까지

오랜 바람이 하나 있었다. 보고 싶은 것 실컷 보며 떠도는 꿈을 지금도 간혹 꾼다.

설악산 대청봉을 물들인 단풍이 한라산에 이르는 데 달포 정도 걸린다. 봉우리에서 봉우리로는 한 달이 채 걸리지 않지만 사려니숲길 같은 산 언저리의 곳까지 따지면 대략 한 달 넘는다. 한 달이라고 치자. 강원도 고성에서 제주 서귀포까지 대략 600km라고 치자. 단풍은 하루 20km씩 남하하는 셈이다. 시속으로 치면 1km/h이다. 살피고 다가가고 들여다보고 때로 물끄러미 쳐다보는 여행에 적당한 속도다.

나의 오랜 바람은 이를테면 이런 거다. 설악산 단풍 소식이 들리면 강원도로 튄다. 천불동과 주전골의 단풍을 보고 며칠 동안 설악에 푹 빠져 있다가 방태산과 오대산, 가리왕산 거쳐 삼척의 두타산 무릉계곡에 이른다. 다시 태백과 소백을 거쳐 월악산, 속리산, 덕유산을 지나면 지리산에 다다르겠지. 아, 중간에 '춘마곡 추갑사'라는 갑사도 빼놓을 수 없겠다. 남도의 고찰 몇 곳에서 숨을 돌렸다가 제주로 옮겨간다. 단풍의 속도로. 한라산과 주변의 크고 작은 오름들, 사려니숲길까지 걷고 나면 아마도 온몸에 단풍물이 들었을 것이다.

날짜별로 일정이 빼곡하지도 않다. 볼 것과 맛집으로 일정표를 채우는 대신 대략의 동선만 정해두고 단풍의 속도와 크게 어긋나지 않도록 움직일 것이다. 일정의 여백은 때로 한 장소에서 푸르던 잎이 붉게 물들어가는 것을 보는 것으로 보낼 수도, 길에서 만난 주민이 소개한 호젓하고 근사한 골짜기를 찾아가는 것으로 메울 수도 있다. 혹시 동네 어르신들과 막걸리를 한잔 하다 보면 더 나아가지 못할 수도 있다.

그래서 뭐! 캠핑은 어떻게 하라는 이야기냐.

나는 그 답을 말할 생각이 없다. 어렵게 찾은 나의 답이기 때문이다. 나의 답이기 때문에 다른 사람에게 답이 되지 않는다. 참고는 될 수 있겠다. 참고가 될 만한 것들은 해프닝으로 점철된 에피소드 곳곳에 있다. 어렵게 찾았는데, 지나고 보니 그 어려웠던 순간들이 즐거움이었고 추억이고 노하우가 되었다. 열정과 센스, 운 중에 하나라도 갖췄다면 나보다는 좀 쉬울 것이다.

    캠핑에 모범답안 따위는 없다. 그러니 남 한다고 따라 할 필요 없다. 이런저런 좌충우돌과 해프닝 속에서 나만의 캠핑 스타일이 만들어진다. 눈에 보이지 않아도, 손에 잡히지 않아도 천천히 찾고 만들면서 다듬는 게 맞다. 그래야 즐겁고 그래야 오래 한다. 보이고 잡힌다고 남 따라 하면 하면서 괴롭고 하고 나서 지친다. 아이들과 함께 의무로 시작한 캠핑이 아이들 바빠지면 시들해지는 건 그래서다. 좋아하는 것과 캠핑을 엮으면 답을 찾는 게 조금은 쉬워질 것이다. 생두를 볶든, 레고를 맞추든, 베토벤을 듣든, 숟가락을 깎든, 필사를 하든, 낮잠을 자든, 멍을 때리든… 뭐, 더 필요하신지.

    겨울을 보내고 눈에 단풍기 좀 빠지면 봄, 봄을 맞으면 다시 남쪽으로 내려가 봄꽃전선과 함께 북상할 수도 있겠지. 코끝에서 꽃향기가 사라질 무렵이면 여름일 테고, 그러면 이끼 낀 계곡이나 소리마저 시원한 폭포를 찾아 떠날 수도 있겠다. 꼭 많이 움직여야 하는 건 아니다. 한 곳에 머물며 하루 하루 바람의 온기와 표정이 달라지고 잎의 색과 두께가 달라지는 것도 보고 싶다. 나는 주가 변화보다 이런 변화에 더 안달복달한다.

호기심은 취미가 되고 취미는 취향이 되고 취향은 삶이 될 것이다. 캠핑은 여행의 한 방식에서 삶의 방식으로 나아간다.

눈과 함께하는 모든 즐거움
휘닉스 평창, 스노우파크

모두가 아이처럼 눈의 설렘과 행복감을 느끼며,
다양한 모습으로 저마다의 즐거움을 찾는 시간.
눈과 즐거움으로 가득 찬 자연 속 특별한 계절,
겨울의 즐거움을 소중한 사람들과 함께 경험해 보세요.

문의 및 예약 1577 0069(#1)
홈페이지 www.phoenixhnr.co.kr